Gadamer & a Educação

COLEÇÃO
PENSADORES & EDUCAÇÃO

Hans-Georg Flickinger

Gadamer & a Educação

autêntica

Copyright © 2014 Hans-Georg Flickinger
Copyright © 2014 Autêntica Editora

Todos os direitos reservados pela Autêntica Editora. Nenhuma parte desta publicação poderá ser reproduzida, seja por meios mecânicos, eletrônicos, seja via cópia xerográfica, sem a autorização prévia da Editora.

COORDENAÇÃO DA COLEÇÃO PENSADORES & EDUCAÇÃO
Alfredo Veiga-Neto

CONSELHO EDITORIAL
Alfredo Veiga-Neto (UFRGS), *Carlos Ernesto Noguera* (Univ. Pedagógica Nacional de Colombia), *Edla Eggert* (UNISINOS), *Jorge Ramos do Ó* (Universidade de Lisboa), *Júlio Groppa Aquino* (USP), *Luís Henrique Sommer* (UNISINOS), *Margareth Rago* (UNICAMP), *Rosa Bueno Fischer* (UFRGS), *Sílvio D. Gallo* (UNICAMP)

EDITORA RESPONSÁVEL
Rejane Dias

REVISÃO
Dila Bragança de Mendonça
Lívia Martins

CAPA
Alberto Bittencourt

DIAGRAMAÇÃO
Christiane Morais

Dados Internacionais de Catalogação na Publicação (CIP)
(Câmara Brasileira do Livro, SP, Brasil)

Flickinger, Hans-Georg
   Gadamer & a Educação / Hans-Georg Flickinger. -- Belo Horizonte : Autêntica Editora, 2014. -- (Coleção Pensadores & Educação)

   Bibliografia.

   ISBN 978-85-8217-443-2

   1. Educação - Filosofia 2. Gadamer, Hans-Georg, 1900-2002 I. Título. II. Série.

14-02500   CDD-370.1

Índices para catálogo sistemático:
1. Gadamer : Filosofia : Educação 370.1

Belo Horizonte
Rua Carlos Turner, 420
Silveira . 31140-520
Belo Horizonte . MG
Tel.: (55 31) 3465-4500

São Paulo
Av. Paulista, 2.073, Conjunto Nacional, Horsa I
23º andar . Conj. 2310-2312 .
Cerqueira César . 01311-940 São Paulo . SP
Tel.: (55 11) 3034 4468

www.grupoautentica.com.br

Sumário

Apresentação 7

Introdução 9

Capítulo 1: Sobre o conceito "hermenêutica" em geral 13

Capítulo 2: A caminho da hermenêutica filosófica de H.-G. Gadamer 25

Capítulo 3: As linhas principais da hermenêutica filosófica 35
O desdobramento de *Verdade e método* 36
Esclarecimentos e correções nos anos 1970 e 1980 51

Capítulo 4: A hermenêutica filosófica e a educação .. 65
Linguagem e reflexão 65
A recuperação do diálogo vivo 80
O saber prático na educação 95
Implicações ético-morais dos processos pedagógicos 102
A fundamentação do espírito crítico 109
A perspectiva universalista da hermenêutica filosófica na prática educativa 120

Em poucas palavras 127

Referências 129

O autor 133

Apresentação

O filósofo Hans-Georg Gadamer é, sem dúvida, um dos intelectuais mais expressivos da segunda parte do século XX. Considerado o fundador e representante da assim denominada "hermenêutica filosófica", sua influência não se restringe à filosofia propriamente dita; muito pelo contrário, sejam quais forem as diferentes áreas científicas modernas, elas se veem forçadas a tomar posição frente aos desafios colocados pelos raciocínios desse pensador. A teoria da literatura, a medicina, o direito, a física, a sociologia – todas essas disciplinas discutem sua tese, segundo a qual subjazem a todo conhecimento científico verdadeiro pressupostos pré-racionais que, indispensáveis, fazem parte do processo de compreensão. Contra a validade exclusiva da ideia de objetividade, preferida pelas ciências modernas, Gadamer defende uma postura intelectual que pretende dar conta de condições existenciais do saber; condições entre as quais se destacam a língua, a história e o ambiente social.

A própria pedagogia não escapa à pretensão universalista que nasce dessa argumentação. Observa-se, mesmo no Brasil, um interesse crescente quanto à relação que ela possa ter com a hermenêutica filosófica (HERMANN, 2002; FLICKINGER, 2011). De fato, a concepção gadameriana traz argumentos que podem esclarecer problemas centrais, com os quais a pedagogia contemporânea vê-se confrontada. É natural, por isso, a inclusão de Gadamer em uma coleção que tematiza as contribuições de pensadores de destaque para a discussão na pedagogia e na práxis educativa. Este livro resulta não só de minha própria experiência e do convívio com Gadamer, na Universidade de Heidelberg nos anos 1960 e 1970, mas também de meu trabalho das últimas duas décadas; um trabalho que me levou a participar cada vez mais intensamente no debate de pedagogos e educadores. É claro também que mais de 40 anos como professor em diversas universidades permitiram-me *insights* no sistema educativo, sem os quais eu sequer ousaria falar acerca da práxis educativa.

Resta-me agradecer aos colegas-amigos Cláudio A. Dalbosco (UPF) e Alfredo Veiga-Neto (UFRGS) a confiança depositada em meu trabalho, que me arrancou do cochilo da aposentadoria. Confesso também que, sem a redação criteriosa de Muriel, minha mulher, o texto teria ficado muito menos acessível. Um "obrigado" de coração!

Introdução

Eis o cenário no ano 1967: no Auditório Máximo do antigo edifício da Universidade de Heidelberg, alunos e jovens cientistas das mais diversas disciplinas aguardam a chegada do professor. O tema anunciado – o pensamento dos pré-socráticos e a origem da ideia ocidental da ciência – parece pouco conveniente naquele inquieto meio estudantil dos anos 1960. Aquilo, na verdade, não corresponde ao espírito crítico da época, que se volta contra as autoridades tradicionais e a hipocrisia da sociedade alemã do pós-guerra. Ainda assim, o auditório está lotado. A composição da plateia não é nada homogênea; tanto os adeptos dessa filosofia conhecida como "hermenêutica", quanto os críticos intransigentes ou ouvintes simplesmente curiosos acotovelam-se naquele espaço. Quais as razões que levavam esses jovens a ouvir aquele filósofo, cuja obra-prima, publicada em 1960 sob o título *Verdade e método* (VM),[1] viria a tornar-se uma "pedra milenar" no âmbito científico?

De passos lentos, devido às sequelas da paralisia infantil que o acometeu aos 22 anos de idade, Gadamer

---

[1] Algumas obras de H.-G. Gadamer foram citadas ao longo do texto por meio de abreviaturas. Convencionou-se: HeR (*Hermenêutica em retrospectiva*), CoS (*O caráter oculto da saúde*), MS (*O mistério da saúde*), VM (*Verdade e método*), VM II (*Verdade e método II*) e GW para os 10 volumes que compõem suas Obras Completas (*Gesammelte Werke in 10 Bänden*).

atravessa a sala e sobe à cátedra. Aí, concentrado nos próprios pensamentos, ele sacode de si todo incômodo físico. Sua exposição é refletida e pausada, mas a vivacidade da fala impressiona. Percebe-se de imediato que a linguagem e o diálogo vivos são o meio preferido em que ele se move. A paciência em relação às mais variadas perguntas, bem como a irritação visível quando a intervenção de algum ouvinte só pretende exibir conhecimento sem contribuir para o andamento do debate, fazem com que surja de imediato, nos ouvintes, a associação com a figura de Sócrates, encenada nos diálogos de Platão.

Com a voz um pouco rouca, Gadamer leva a plateia para dentro do mundo do pensamento grego. Tecendo e analisando a rede dos conceitos clássicos da filosofia ocidental, ele reconstrói a trajetória da filosofia enquanto caminho "da palavra ao conceito" (1996). Eis, ele conclui, o que se faz agora novamente necessário: levar o conceito de volta à palavra viva. A filosofia grega, ele a vê como fonte inesgotável para a compreensão do mundo moderno.

Ninguém na plateia consegue escapar ao encantamento gerado por essa volta ao espírito antigo da filosofia pré-socrática. Na sua interpretação, que vai virando e revirando os conceitos em busca do sentido neles oculto, o mestre aponta a fonte recalcada do saber moderno. O recurso à filosofia clássica torna-se estratégico no seu pensamento; e culmina no diagnóstico de um reducionismo perigoso, subjacente ao espírito da ciência moderna. Reducionismo resultante do princípio da objetividade, tão cara à ideia da racionalidade científica. Segundo Gadamer, só descobre a falha nessa orientação racionalista aquele que escuta a linguagem e percebe nela o horizonte intransponível do saber. Sua mensagem é clara: vivemos na linguagem, é nela que se dá a experiência existencial do homem.

E Gadamer faz valer essa tese para sua própria apresentação. De fato, o fio condutor de seus raciocínios revela-se só na medida em que os ouvintes se entregam à exploração da linguagem, em que o dito se formula; sim, na medida em que vão se entregando à decifração da tradição do pensamento ao qual todos pertencem e da qual o filósofo consegue, aos poucos, torná-los presente. É de modo exemplar que o palestrante o expõe, no trabalho detido com os conceitos clássicos da filosofia grega. Sua interpretação vai roendo, precisa, o chão supostamente firme de todo saber metodicamente sustentado.

Não se deve esquecer, nesse contexto, que a época do pós-guerra, na qual a hermenêutica filosófica apareceu, vinha marcada pelos debates acirrados tanto ideológicos quanto econômico-sociais, tais como: a crítica da ideologia do progresso; a desconfiança nas velhas elites quanto ao seu envolvimento no aparato nazista; a dificuldade com um passado recente, cujos impulsos continuavam vivos; a ressureição dos ideais liberais como base da sociabilidade pós-guerra; a concentração das políticas na reestruturação material de uma sociedade alemã intelectualmente paralisada; e a falta de uma reflexão mais profunda sobre seu rumo ético-moral. Tudo isso dá uma ideia das tensões presentes no cenário acadêmico, com consequências também para o sistema de educação. Era premente que as instituições e as políticas educativas reagissem aos conflitos daí oriundos. A questão era se se deveria defender uma formação o mais abrangente possível do indivíduo ou prepará-lo para as demandas imediatas do mercado de trabalho; respeitar e desenvolver o máximo possível o potencial do educando, ou dar-lhe instrução meramente profissionalizante; conceber a formação como experiência intelectual e cultural, ou enquanto caminho de ascensão social. Gadamer aderiu, sem dúvida, à primeira opção, que se coadunava com as ideias de formação defendidas sobretudo por W. V. Humboldt, no início do século XIX. Essa era uma convicção que concedia, por um lado, plena legitimidade às reivindicações do movimento estudantil daqueles anos 1960 frente à massificação e orientação utilitarista do ensino, e recusava, por outro, as formas de luta então adotadas para alcançá-las. Formado em uma tradição universitária elitista, Gadamer tentava conciliar o impossível: atualizar diante dos novos desafios a ideia humboldtiana de formação e manter, simultaneamente, as estruturas organizacionais de instituições de ensino superior hierárquicas. Não que ele tivesse fugido do debate público acerca desses conflitos. Percebeu-se, no entanto, suas dificuldades de pôr em questão os 40 anos de seu convívio com uma instituição hierarquicamente estruturada. Para ele, a autoridade do argumento sobrepunha-se a qualquer inovação democrática. Mesmo assim, o respeito por sua trajetória como grande intelectual poupou-o à crítica mais agressiva daquela geração de estudantes extremamente politizada. Hoje acredito terem sido a coerência de sua postura e o modo consequente com que a pôs em prática as verdadeiras causas da admiração que sempre recebeu mesmo de seus opositores ideológicos.

Esse breve relato de minhas primeiras experiências com Gadamer dá uma ideia do espírito desse homem cuja morte, aos 102 anos de idade, deixou como herança uma interpretação crítica e desafiadora do saber moderno. De fato, toda a sua ampla produtividade intelectual girou em torno dessa preocupação. Por ele ser considerado o representante máximo da hermenêutica contemporânea, acho oportuno iniciar a apresentação com uma breve caraterização desse termo. Feito isso, será mais fácil entender a trajetória do pensamento de Gadamer (capítulo 2) e destacar as linhas principais de sua concepção específica da hermenêutica (capítulo 3). E poderei, após, expor sua contribuição para os debates na pedagogia e na práxis educativa (capítulo 4).

| Capítulo I

Sobre o conceito "hermenêutica" em geral

Há dúvidas quanto à dedução correta do termo "hermenêutica". É óbvia, no entanto, a associação que esse tem com a figura de Hermes, da antiga mitologia grega. Sabe-se que a esse semideus, mensageiro do Olimpo, coube a tarefa de transmitir a vontade divina aos seres humanos. Ele deveria traduzir as palavras dos deuses na linguagem profana do homem; uma tarefa que exigia habilidade muito específica, contida na imagem que o termo 'traduzir' dá bem a entender.

Em sentido originário, a palavra 'traduzir' remete a um movimento; ela significa transportar algo ou alguém de um lado, por exemplo, de um rio ou de um território para um outro nem sempre conhecido. Entendido assim, o trabalho do tradutor realiza-se no movimento entre dois horizontes diferentes; ele consiste em tornar compreensível para o destinatário o sentido da mensagem do autor. A compreensão do sentido – eis, ao fundo, a tarefa. Com essa formulação já se anuncia que a tradução não se esgota na transmissão de informações; ao contrário, ela precisa inserir a mensagem no horizonte de entendimento de quem a recebe. Por isso, a habilidade de traduzir uma fala foi considerada pelos gregos uma verdadeira arte, simbolizada, no caso de Hermes, pela posse da vara mágica como atributo do mensageiro. A referência ao termo grego *hermeneia* – que significa aproximadamente "interpretar" ou "promulgar" – qualifica o semideus Hermes enquanto o mago tradutor. Não deve surpreender, portanto, que o conceito técnico de hermenêutica continue, ainda hoje, apontando a um referencial enigmático.

Experiências diárias confirmam esse aspecto enigmático. Quem já traduziu, por exemplo, um texto da língua materna para outro idioma conhece a luta por encontrar as palavras certas. Não é por acaso que os dicionários da língua a traduzir indicam várias palavras como equivalentes à tradução de determinado conceito. Por mais correta, porém, que uma tradução literal possa parecer em termos técnicos, acontece muito frequentemente que, mesmo assim, seu sentido fique incompreensível. A tradução literal por si só não garante a transmissão do significado visado pelo texto original; este só se revela através da referência ao contexto (leia-se "com-texto", isto é, junto ao texto tomado como um todo). Pode se aproveitar disso, por exemplo, quem desloca uma frase de seu contexto próprio, atribuindo-lhe um sentido que não lhe convém. Penso, aqui, na declaração de um político ou de uma testemunha, cujas falas se veem deste modo alteradas pelos opositores com o único fim de prejudicar quem as formulou. Desligada do conjunto em que nasceu, uma frase ou palavra pode até inverter o significado visado pelo seu autor. Como terceiro exemplo trago as encenações de um mesmo drama no teatro; cada uma das encenações traz ao palco uma concepção específica do drama em questão, que resulta da interpretação específica dada por cada novo dramaturgo. Lembro também a experiência que fazemos à releitura de um texto, em cujas margens constam anotações da leitura feita anteriormente; muitas vezes, o sentido dessas anotações não se enquadra mais na perspectiva do interesse que orienta a releitura atual, porque cada leitura obedece a um interesse novo do leitor na busca de outras respostas. Esses exemplos indicam que a tradução tem de contar com e levar em consideração sentidos implícitos ou ocultos do texto. Sem interpretação, um texto ou uma fala não revelam, por si sós, seu possível sentido. Foi esse fato que deu origem ao questionamento da hermenêutica. Ou, dito nas palavras de Gadamer (em entrevista de 1997), a consciência hermenêutica implica o saber "do quanto fica de não dito quando se diz algo". À primeira vista, a fórmula parece expressar um paradoxo. Veremos, no entanto, que ela aponta ao enigma que permeia todos os esforços de compreender algo, trate-se de um texto ou da fala do interlocutor que quer ser entendido. Antes de abordar esse enigma (no capítulo 3), quero reconstruir as quatro etapas históricas, ao longo das quais a ideia da hermenêutica se impôs. Sua lembrança facilitará a caraterização da noção específica da concepção gadameriana denominada 'hermenêutica filosófica'.

Embora surgido apenas no século XVII como termo técnico da filosofia, o conceito de hermenêutica carrega consigo questões com as quais o pensamento grego já lidava na época clássica. Ciente dessa sua origem, Gadamer interessou-se por essa tradição desde o início de sua trajetória intelectual. Aos 89 anos de idade, ele ainda dizia que, na sua opinião, os seus estudos referentes à filosofia grega teriam representado a parte mais autêntica de seus trabalhos filosóficos (GW, 1989, v. 7, p. 121). Segundo essa autoavaliação, o impulso mais forte na elaboração de sua filosofia teria vindo da preocupação com os conceitos-chave da tradição grega.

A volta à filosofia dos gregos significava, antes de tudo, a volta à origem da filosofia nos pré-socráticos, aos diálogos platônicos com seu protagonista Sócrates, assim como à avaliação crítica dos diálogos feita por Aristóteles. Gadamer fez dessa tradição grega a fonte principal da hermenêutica, concebida como "doutrina de compreensão" e fez também do sábio Sócrates a figura exemplar da prática hermenêutica. Pode-se, portanto, dizer que sua preocupação com essa tradição representou a primeira etapa de sua ocupação com questões sistemáticas, vinculadas à experiência posteriormente denominada 'hermenêutica'. Aí a prática de Sócrates revela não apenas a ideia epistemológica da filosofia platônica, senão também o espírito pedagógico que a sustenta. Vale a pena, por isso, relatar alguns aspectos desse conquista de Gadamer.

Diz-se que a mãe de Sócrates era parteira, e o pai, escultor. Do ambiente em sua casa é possível deduzir o modo de educação experimentado pelo filho. Segundo o entendimento grego das profissões desses pais, nem a parteira nem o escultor ocupam-se com a produção ou criação de objetos; pelo contrário, em seu trabalho profissional eles entregam-se a um processo endógeno: à parteira cabe apoiar o processo natural do parto, enquanto o escultor procura dar visibilidade a uma das múltiplas formas já inscritas na pedra em que trabalha. A postura profissional dos dois tem caráter "maiêutico" – conceito grego que designa a tarefa de apoiar a realização de processos considerados endógenos e naturais. Em ambos os casos, tanto no do pai quanto no da mãe de Sócrates, trata-se da ativação de um potencial ainda oculto no interior do "material" com que lidam.

Gadamer não tem dúvida alguma se a postura profissional dos pais de Sócrates tivesse influenciado seu modo de trabalhar, que ganhou vida nos diálogos de Platão. Realmente, na busca do saber verídico, Sócrates ajudava seus interlocutores a alcançar um saber que já estava presente neles, só que esquecido e não ativado. Inspirado em Sócrates, Gadamer também buscava levar o interlocutor a "re-conhecer" – no sentido originário dessa palavra composta – os enganos e erros que deformam seu saber prévio. Essa, segundo ele, era uma das finalidades mais nobres do diálogo. Desse modo, os preconceitos em jogo se mostram e, trazidos à tona, tornam-se alvo de avaliação e, se necessário, de correção. O procedimento escolhido por Sócrates voltava-se contra o modo persuasivo de argumentação usado por grande parte dos sofistas à época. Desinteressados em dar ajuda a sua clientela no sentido de alcançar algum saber verdadeiro – o que significaria pôr em relevo o que neles estava velado –, os sofistas instrumentalizavam as regras lógico-formais da argumentação, fazendo delas uma ferramenta ardilosa para alcançar objetivos interesseiros. Era contra essa degradação instrumental da arte retórica que a postura socrática se rebelava. Os sofistas deformavam essa "arte" na fala eloquente, cuja aplicação forçava o adversário a aceitar conclusões falsas, ainda que, inevitáveis na aparência. O debate político na praça pública ou a defesa do cliente junto aos tribunais eram alguns dos lugares típicos dessa prática persuasiva. Ainda hoje, entre outros, ela se encontra na atuação de advogados espertalhões. Esses profissionais destacam-se, na verdade, pela habilidade de usar as normas processuais da lei como arma em favor de seus clientes; eles pouco se importam com a veracidade e a justiça das sentenças que daí resultam. E, lamentavelmente, essa "habilidade" encontra-se também nas salas de aula, quando o ensino *ex cátedra* usa a retórica formal para facilitar ao professor driblar as dúvidas ou os protestos vindos dos alunos.

Como se vê, o pensamento grego marca o primeiro passo significativo no caminho à hermenêutica. Todavia, ele se viu durante séculos marginalizado, não recebendo maior atenção na etapa seguinte do desenvolvimento histórico do pensamento no mundo ocidental. Refiro-me ao conflito teológico em torno à exegese da Bíblia, que culminou no século XVI. Ao fundo, o conflito tratava daquele mesmo enigma referido antes no que diz respeito à compreensão de um texto ou discurso quaisquer. Também aqui era a figura de Hermes que vinha à tona, por se tratar da necessidade de trazer a palavra divina para dentro do horizonte profano em que se encontra o homem. O conflito desencadeado aí, na luta encenada entre Lutero e a chamada patrística, que queria impor suas diretrizes à interpretação das Sagradas Escrituras, não recorreu, contudo, à filosofia grega, embora essa já houvesse tratado de questões semelhantes. A tese de Lutero – segundo a qual *"scriptura sagrada sui ipsius interpres"*, isto é, que as Sagradas Escrituras deveriam ser interpretadas só a partir delas mesmas – opunha-se a todas as regras canônicas de interpretação, estabelecidas pelos padres da Igreja na época do primeiro cristianismo. Em vez de submeter-se, então, ao ditado oficial da Igreja institucionalizada, o reformador incentivava os fiéis a buscar as respostas às suas perguntas no confronto direto com os textos sagrados. A interpretação deveria dar-se a partir do questionamento dos próprios fiéis e responder, com isso, a suas necessidades.

A retórica grega e a teologia medieval foram, assim, as primeiras etapas históricas a tematizar questões diretamente ligadas à ideia da hermenêutica. E na teologia já apareceu um aspecto restritivo que precisa ser considerado: em seu contexto prevalecia a preocupação com a interpretação de textos escritos, mais precisamente, de escritos considerados clássicos ou sacrossantos. Questionavam-se, aí, em primeira linha, aspectos metodológicos de interpretação, a fim de garantir a veracidade do conteúdo final, elaborado nesse processo.

Prefigurada por essa tradição e centrada na escolha do caminho adequado para legitimar a interpretação de textos, a hermenêutica do século XVIII – utilizada então, pela primeira vez, como conceito técnico – envolveu-se em debates acerca dos métodos adequados de dar legitimação ao conhecimento científico moderno. Nesses debates, a referência à hermenêutica deu-se porque ela era entendida como tipo específico de procedimento científico. O motivo para essa "exploração" metodológica é simples: na época, o interesse pela hermenêutica alimentava-se da possibilidade de opor, através dela, uma alternativa à invasão, a que se viam expostas as ciências humanas e sociais, do método científico das ciências naturais, considerado "objetivo". É verdade que as ciências naturais conseguem ampliar de maneira espantosa nosso conhecimento do mundo, sobretudo, aquele da natureza. Tampouco se pode negar que isso deve-se justamente ao uso do seu método objetificador, ou seja, de um procedimento experimental, que busca entender o que se passa na realidade objetiva. Um método, portanto, que não permite qualquer influência da pessoa do investigador na investigação. O objeto de interesse é definido de antemão e, portanto, independente das regras racionais do processo investigativo - por isso meu uso do predicado 'objetificador'. Foi atraída pelo grande sucesso das ciências naturais, que parte das ciências humanas e sociais sentiu-se legitimada a adotar esse procedimento metodológico. Julgava ter-lhe afinal surgido a chance de garantir para si a legitimação de cientificidade, libertando-se, assim, do estigma de sua falta de rigor científico. Foi quando o método das ciências naturais permeou todas as demais disciplinas que acreditaram na promessa de, através dele, alcançar conhecimento objetivo-racional.

Por mais plausível que parecesse às ciências humanas e sociais adotar o método daquelas disciplinas tidas como "duras", elas estavam cegas quanto à diferença das condições que as caracterizam e aquelas que caracterizam as ciências naturais. A separação do sujeito conhecedor em relação ao objeto da investigação, marca registrada do procedimento das ciências naturais, não é adequada à situação das ciências humanas e sociais, pois estas últimas tratam de problemas dos quais o cientista, ele mesmo, faz parte e não consegue distanciar-se. Mesmo sem querer, a pessoa do cientista encontra-se necessariamente envolvida na área de sua investigação. Três exemplos o confirmam. Primeiro: é óbvio que o historiador faz parte da história por ele investigada; ele está, desde sempre, inscrito nela. O mesmo ocorre com a linguagem, na qual se expressa o pensamento ou se desdobra o diálogo, pois ela representa o horizonte intransponível de sua expressão e desdobramento, fora do qual não se pode sequer pensar. Qualquer comunicação seria impossível se não vivêssemos dentro da linguagem enquanto referencial pressuposto comum. Terceiro: é impossível discutir questões sociais sem reconhecer que fazemos parte do todo social tematizado; não há, portanto, como evitar que a própria perspectiva particular do pesquisador interfira no questionamento e na interpretação da realidade social. Uma experiência típica dessa situação encontra-se quando de uma entrevista, na qual gesta-se necessariamente uma situação social específica entre os interlocutores. Não há como abstrair dessa relação participativa, pois até mesmo as perguntas nascem do entendimento do assunto e do interesse do entrevistador.

Demorou algum tempo até que se recuperasse a consciência da diferença entre essas tradições científicas, freando o entusiasmo referente à utilidade do método objetificador nas ciências humanas e sociais. Nasceu, então, a convicção de que seria necessário contar com a especificidade inconfundível do conhecimento elaborado nessas áreas. Não por acaso, a partir do século XIX, teólogos, historiadores ou antropólogos passaram a defender a hermenêutica como autêntico método científico das ciências humanas e sociais, firmando-se, assim, a particularidade de seus procedimentos. Entre os defensores mais conhecidos da então concebida nova hermenêutica constam o teólogo e filósofo F. Schleiermacher, e os filósofos W. Dilthey e F. Nietzsche.

Da campanha em favor da autenticidade do método científico nas ciências humanas e sociais resultou uma ambiguidade. Por mais que a oposição à metodologia objetificadora das ciências naturais tivesse levado à articulação da nova autoconsciência metodológica das ciências humanas, sem o saber esses mesmos autores fortaleceram, como que pelo avesso, a interpretação da hermenêutica como método. É possível dizer, na verdade, que o século XIX viu-se dominado pela concepção instrumental da hermenêutica, na medida em que, nessa terceira fase de seu desenvolvimento, lutou-se pelo seu reconhecimento como método legitimador da veracidade nas ciências humanas e sociais. Uma visão que incomoda até hoje por alimentar não apenas conflitos oriundos da tradicional bipolaridade das ciências modernas, mas sobretudo por deixar cicatrizes no interior das disciplinas particulares. Exemplos disso não faltam, como a tensão verificada entre psicologia empírica e psicanálise, entre pesquisas quantitativa e qualitativa na sociologia, ou o debate sobre o papel da metafísica na física.

A grande virada no entendimento da hermenêutica aconteceu no início do século XX, quando ela tomou um rumo inesperadamente crítico diante de sua até então favorecida instrumentalização metodológica. A partir da ruptura radical com a orientação anterior através da fenomenologia de E. Husserl e da filosofia de M. Heidegger, o cenário sofreu uma reviravolta que definiu a quarta etapa do avanço da hermenêutica. Foi, antes de tudo, a análise heideggeriana das condições existenciais do homem que abalou os debates filosóficos da época. Sob a etiqueta "filosofia hermenêutica", a obra-prima *Ser e tempo* (1920) reapresentava a antiga questão da existência do homem no mundo, vinculando-a intimamente àquela do lugar do homem no tempo e na linguagem. Baseando-se explicitamente na filosofia grega e seus impulsos ontológicos, Heidegger colocava em xeque tanto a filosofia do Iluminismo – que defendia a ideia de autofundamentação da razão humana – quanto a tradição da metafísica. Indo na contramão dessas correntes, seu pensamento tornou-se a pedra de toque da filosofia do século XX.

Discípulo e admirador crítico de Heidegger, Gadamer partilhava, por certo, os motivos que o haviam levado a defender uma "ontologia fundamental". Reconhecia o seu mérito antes no fato de ter conseguido liberar a hermenêutica da instrumentalização meramente metodológica, privilegiada no século XIX. Gadamer, contudo, não se deu por satisfeito com essa reviravolta. A fim de deixar claro o que posso chamar de "crítica simpatizante" em relação a Heidegger, ele adscreveu ao seu próprio projeto a etiqueta "hermenêutica filosófica", invertendo, desse modo, a denominação da filosofia heideggeriana enquanto "filosofia hermenêutica". Não se trata aqui de um mero jogo de palavras. Ao contrário, as razões que legitimam essa inversão são importantes e foram muito bem expostas pelo filósofo, pois, como ainda veremos, tornam a hermenêutica gadameriana uma fonte inesgotável na discussão de questões centrais da práxis pedagógica.

| Capítulo II

A CAMINHO DA HERMENÊUTICA FILOSÓFICA DE H.-G. GADAMER

A reconstrução da trajetória intelectual de Gadamer revela a confluência de diversos impulsos intelectuais, dos quais se alimentou a hermenêutica filosófica. No decorrer dos 102 anos de sua vida, de um século inteiro, portanto (Gadamer nasceu em 1900), o cenário intelectual sofreu mudanças radicais de paradigmas. As principais correntes filosóficas de então dão-nos pistas importantes quanto à articulação do espírito da época. Trata-se, na primeira parte do século, do neokantianismo, da fenomenologia de Husserl, da psicanálise de Freud e, não por último, da ontologia fundamental de Heidegger. Mas havia também o existencialismo pós-guerra, a filosofia analítica da linguagem e a teoria crítica, na segunda parte do século. Como se vê, era um leque muito amplo e em si pouco coerente de orientações intelectuais. No entanto, por mais rico que esse cenário filosófico nos pareça hoje, essa riqueza dá prova, pelo seu avesso, da profunda insegurança e da perda de critérios unívocos no que diz respeito à interpretação das transformações político-culturais em andamento na época. As convulsões causadas por duas guerras mundiais deixaram feridas profundas;

tratava-se agora de assimilar as experiências catastróficas ou recalcá-las, custasse o que custasse. Foi dentro dessa tensão que se formaram as reações ao entorno perturbador. O único consenso que aí surgiu foi aquele em relação à filosofia do neokantianismo. Apostando tudo no potencial lógico-epistemológico da filosofia kantiana, o neokantianismo prevaleceu na passagem do século XIX para o XX, mas mostrou-se incapaz de satisfazer as novas exigências intelectuais. A ansiosa busca por novas matrizes de interpretação chegou a ponto de pôr em questão a própria filosofia quanto a sua capacidade de renovar o espírito e reformular princípios ético-morais dentro de um mundo emudecido. Tal situação abriu, contudo, uma chance imprevista: diante desse pluralismo, abriu-se à filosofia um espaço vazio, que lhe tornou possível de recuperar a liderança intelectual no mundo desenraizado e livrar-se do estigma de ter fracassado nos momentos catastróficos dos séculos XIX e XX.

Sob tais condições, o jovem Gadamer mergulhou nos debates sobre a reorientação intelectual de seu tempo, decepcionando seu pai, que esperava vê-lo interessar-se, como ele, pelas ciências naturais. Ainda adolescente, Gadamer procurou na literatura, na história e nas artes as pistas de um espírito não comprometido com a racionalidade instrumental e a ética utilitarista enquanto princípios de legitimação do saber verdadeiro e do justo agir. Investigando o saber específico que resulta das experiências com as artes, com a filosofia clássica grega e com a história de cultura, o universitário de Breslau e Marburgo deixou para trás o espírito neokantiano assim que concluiu os estudos básicos de filosofia. Sua fase de reorientação intelectual deixa-se apanhar em uma circunstância curiosa quando da elaboração de sua tese de doutorado: embora se tratasse de um tema da filosofia de Platão, Gadamer a redigiu ainda sob orientação de Paul Natorp, na época talvez o mais conceituado neokantiano da assim chamada Escola de Marburgo.

Recém-doutorado, ele se viu logo atraído por três correntes intelectuais que, renegando o neokantianismo, cruzavam-se nos anos 1920: o expressionismo como alternativa à ideologia do progresso contínuo da razão; a fenomenologia de Husserl, que o ensinava a atentar aos fenômenos concretos e a buscar decifrá-los; e a ontologia fundamental do já citado Heidegger, que recorria aos questionamentos da filosofia grega na busca de reatualizá-los. A destruição da metafísica tradicional por Heidegger, que pôs em xeque a tradição filosófica preocupada em legitimar o saber científico a partir de um princípio último e inabalável, ofereceu ao jovem pesquisador um caminho de investigação promissor. O conjunto dessas novas ideias fez com que ele abandonasse sobretudo a convicção de que o avanço progressivo das ciências é inevitável. Gadamer entendeu que a origem da filosofia – "da palavra ao conceito" –, tema por excelência na filosofia clássica dos gregos, poderia servir-lhe de fonte à elaboração de uma alternativa própria. Foi o primeiro encontro com Heidegger, por ocasião de um curso que o filósofo proferiu em Freiburg sobre a Ética Nicómaca de Aristóteles (em 1923), que lhe indicou o caminho à decifração do que ele mesmo, afinal, estava procurando. Para Heidegger, o entendimento das raízes da filosofia, plantadas na tradição grega, passa pela sensibilidade em relação à língua: o homem é o ser movido por ela. Com a bela metáfora de que "a linguagem é a casa na qual se vive", Heidegger adscreveu a ela a função de chave para o mundo; a ela caberia apontar o contexto no qual a existência humana se realiza.

Foi esse o impulso originário, junto às experiências anteriormente vividas com as artes, que levou o estudante Gadamer a seguir essa pista heideggeriana. Investigar a estrutura que inscreve o ser humano na linguagem tornou-se sua tarefa primordial. O que, porém, torna a língua capaz de cumprir essa função de "moradia" para o homem? Os gregos já tinham falado acerca disso. Nada mais natural, portanto, do que voltar a sua filosofia. Foi esse o motivo que levou Gadamer a decidir intensificar, a seguir, os seus estudos de filologia e, mais especificamente, de filologia clássica. Aliás, ele o fez sem esconder o impulso de também emancipar-se do mestre, isto é, de Heidegger. Na verdade, Gadamer havia encontrado nas interpretações de conceitos-chave da filosofia grega, feitas por Heidegger, propostas de tradução que julgava por vezes insustentáveis. E o mergulho na filologia clássica lhe daria também a ferramenta para corrigir essas interpretações consideradas duvidosas.

Em 1927, Gadamer concluiu seus estudos de filologia clássica. Reconhecido desde então como especialista na filosofia e na língua gregas, Heidegger o convidou a elaborar sob sua orientação a tese de livre-docência. É claro que o convite honroso vinha a calhar para alguém cujo projeto de vida profissional visava a carreira acadêmica. O recém-formado aceitou imediatamente o convite. Após a entrega da tese intitulada *A ética dialética de Platão*, em 1928/1929, e publicada em 1931 (GW, v. 5), abriu-se para Gadamer a chance de investir na carreira desejada. Nos oito anos seguintes de trabalho científico e mesmo sob as condições extremamente precárias na universidade – devido às consequências da crise econômica de 1929 e aos preparativos da guerra, forçados pela política do Terceiro Reich –, sustentado economicamente só por bolsas de pesquisa e o trabalho como horista, Gadamer aproveitou a oportunidade para pesquisar os temas que mais o interessavam, sem restrições institucionais consideráveis. Sua preocupação com a filosofia grega, em especial com os pré-socráticos e com Platão, evitou que seu trabalho despertasse suspeitas ideológicas por parte dos nazistas. Os temas histórico-conceituais eram inteiramente insuspeitos nessa primeira fase do nacional-socialismo, de modo que o jovem filósofo não foi importunado; pelo contrário, em 1938 convidaram-no a assumir a vaga de professor titular de filosofia na então muito respeitada Universidade de Leipzig. Vale mencionar esse período porque a escassez de colegas, devido à guerra em andamento e à perseguição aos judeus, o obrigava a lecionar todo o espectro da história da filosofia. Um desafio que afinal vinha ao encontro do seu próprio interesse em interpretar e discutir, em sala de aula, textos originais da filosofia. Essa situação objetivamente precária ofereceu a ele, como filólogo clássico, um campo riquíssimo no exercício como intérprete e hermeneuta, competência que havia adquirido nos anos 1920. Pode-se dizer que esse foi o período em que ele conseguiu descobrir, ampliar e intensificar os íntimos laços existentes entre filosofia e filologia. É preciso insistir que, para Gadamer, não se tratava de investigar a língua como objeto científico, em abordagem que seria praticada posteriormente pela Filosofia analítica da linguagem; muito pelo contrário, tratava-se, para ele, de investigar a concatenação do pensamento com a linguagem.

Depois da guerra e tendo cumprido a função de reitor em Leipzig durante dois anos, Gadamer passou o breve período de mais dois na Universidade de Frankfurt para assumir, depois, em 1949, a cátedra de filosofia na Universidade de Heidelberg. Aí a inquietação vivida anteriormente no país, devida às enormes dificuldades de reformular os pilares ideológico-políticos da sociedade alemã do pós-guerra, deu lugar a uma fase mais tranquila. Mesmo envolvido na reconstrução do Seminário (Instituto) de Filosofia naquela Universidade, Gadamer conseguiu retomar o ritmo normal do trabalho acadêmico. Esse passo significou, antes de tudo, reconquistar o espaço indispensável de discussão tanto com os colegas quanto com uma nova geração muito engajada de alunos. A lista de filósofos e intelectuais que, ao longo dos anos 1950 e 1960, fizeram parte da vida acadêmica cotidiana, em Heidelberg, é imensa e muito significativa. Entre os mais conhecidos lembro apenas Karl Löwith, Jürgen Habermas, Rüdiger Bubner, Friedrich Fulda, Dieter Henrich, Reiner Wiehl, Gottfried Boehm e Gianni Vattimo. Eles fizeram parte de um ambiente marcado pelo que Gadamer praticava enquanto "postura hermenêutica". Dito em suas palavras:

> "Hermenêutica é, antes de tudo, uma prática, a arte de compreender e de fazer compreensível. Ela é a alma de todo ensino que quer ensinar a filosofar. O que aí tem de ser exercitado é o ouvido e a sensibilidade para com as predeterminações, preconcepções e prefigurações contidas nos conceitos" (na autoapresentação 1975, em VM II).

Para ele, viver no diálogo significava virar e revirar os sentidos dos conceitos e da linguagem, acumulados ao longo da história. Refutando a prática costumeira das ciências modernas de iniciar o trabalho com a definição de seus conceitos – uma prática cujo auge se encontra no projeto fracassado de construir uma língua científica exata, tal como visada pelo assim chamado Círculo de Viena, nos anos 1920 –, Gadamer atribuía à língua uma vida e uma história próprias. Segundo ele, caberia à hermenêutica desvendar as implicações e as consequências disso. Tratava-se de uma estratégia bem experimentada por ele e que o tinha levado a descobrir aspectos extraordinárias em textos centrais do idealismo alemão e, mais especificamente, nas filosofias de I. Kant e G. W. F. Hegel.

A hermenêutica como autorreflexão da postura intelectual – não é exagero ver nisso o grande achado de Gadamer ao longo dos anos 1950, para a filosofia. Em consequência disso, a referência de sua hermenêutica à filosofia clássica grega não é o único foco que marca a base do livro *Verdade e método*, publicado pela primeira vez em 1960, causando repercussão imediata. No livro confluem, de fato, diversos impulsos experimentados por ele no decorrer de uma vida acadêmica de quatro décadas. Embora recebido como sua obra-prima, acredito ser possível dizer que, avaliando-o *ex post*, o livro apresenta um estágio apenas intermediário na elaboração da concepção filosófica tardia de Gadamer. Explico.

Acolhido com entusiasmo mas exposto a equívocos e críticas bastante duras, o livro foi um sucesso e logo considerado uma obra clássica. Na verdade, ele desencadeou debates até hoje não esgotados. Entre elogios e críticas, Gadamer viu-se acusado de apresentar a hermenêutica como um instrumento de muita sutileza unicamente para legitimar seu espírito supostamente acrítico e até conservador. Alguns comentadores pressentiram no livro uma verdadeira cruzada contra o espírito de racionalidade. Mas houve também filósofos que se sentiram importunados pela argumentação contida nessa obra, baseada sobretudo no trabalho sobre textos clássicos, os quais fornecem de fato a base principal às conclusões extraídas na mesma.

Como não poderia deixar de ser, tratando-se de Gadamer – o autor da "doutrina da compreensão" – essas observações e críticas chegaram a ele como um desafio. Tomando-as em consideração, ele se obrigou a esclarecer seus raciocínios e, quando necessário, a corrigi-los. E o fez fiel à sua própria tese de que seria necessário tomar a sério os argumentos dos críticos, a fim de entender também melhor as próprias afirmações; uma postura que afirma a lógica reflexiva como caraterística da experiência hermenêutica. Por enquanto, não quero detalhar esse aspecto, que explicitarei mais adiante.

Os vários ensaios dos anos 1970, 1980 e 1990, nos quais Gadamer responde às críticas ou lança o olhar retrospectivo a toda sua obra passada, dão prova não apenas dos avanços de sua concepção teórica, senão também de sua lucidez e maturidade invejáveis em uma idade já bem avançada. Nesses trabalhos, o filósofo dá passos importantes para além de *Verdade e método*. Enquanto as conclusões de sua obra-prima alimentavam-se, de fato, de experiências feitas à base da interpretação de textos clássicos e da reconstrução da história de conceitos, os ensaios posteriores passaram a focalizar bem mais a prática do diálogo. Esses escritos veem na linguagem viva o campo por excelência em que se pode experimentar as condições existenciais da vida em sociedade. Nessa segunda fase encontram-se considerações mais práticas e diretamente ligadas a problemas pedagógicos. Defendo, por isso, a tese de que os trabalhos dos anos 1970, 1980 e 1990 servem de fonte pelo menos tão rica para o debate de questões hodiernas da educação quanto *Verdade e método*, do ano 1960.

Participando ativamente, até os cem anos de idade, em colóquios, congressos ou *workshops* sobre temas ligados à hermenêutica, a perspicácia e paciência de Gadamer na condução dos debates eram impressionantes. Fiel a sua identidade intelectual, ele fez de sua filosofia o fio condutor à postura pessoal adotada ao longo de toda uma vida. Quem teve a sorte de participar nas atividades acadêmicas desse mestre, confirmará a experiência inesquecível de ter convivido com um grande professor e pedagogo. É supérfluo mencionar que, reconhecido internacionalmente, o grande hermeneuta recebeu várias homenagens e condecorações tanto na Alemanha quanto no exterior. Sua morte, aos 102 anos de idade, deixou na filosofia contemporânea não só feridas que dificilmente cicatrizarão mas também impulsos com efeitos ainda imprevisíveis.

Capítulo III

AS LINHAS PRINCIPAIS
DA HERMENÊUTICA FILOSÓFICA

Não há dúvida: o livro *Verdade e método* é considerado a "marca registrada" da hermenêutica filosófica de Gadamer. Até hoje seu sucesso persiste. Todavia, a repercussão extraordinária dessa obra no âmbito não apenas filosófico, lança uma sombra não só sobre a importância de sua tese de livre-docência sobre questões da ética em Platão, senão também sobre a importância das reformulações e correções feitas nos trabalhos dos anos 1970 e 1980. No que se refere a essas últimas, acredito ser legítimo falar de uma segunda fase de seu pensamento, um período de aperfeiçoamento de sua teoria. Não que se tratasse de mudanças radicais, mas as modificações de vários enfoques tornam compreensível a amplitude da recepção dessa teoria nos diversos campos científicos. Além de esclarecer argumentos contidos em sua obra principal e considerados ainda obscuros por alguns leitores, Gadamer passou a concentrar seu interesse no diálogo vivo e nos aspectos ético-morais de sua concepção. Por isso, a interpretação de textos clássicos como campo de reflexão, que prevalece ainda em *Verdade e método*, pode ser tomada apenas como uma primeira etapa de formulação de sua hermenêutica filosófica. Os ensaios posteriores vêm repletos de raciocínios referentes aos mais diversos campos da práxis científica. Eu defendo, por isso, a tese de que a contribuição da hermenêutica filosófica à educação – que será discutida no capítulo 4 – se evidencia, na verdade, justamente nesses trabalhos da segunda fase.

Em consequência do que acabo de afirmar, quero primeiro resumir os raciocínios principais de *Verdade e método*, para depois (p. 56) referir os focos dos trabalhos posteriores, que enriquecem sobremodo o debate pedagógico.

O desdobramento de *Verdade e método*

Como já dito antes, a elaboração do livro é resultado de amplo leque de estudos feitos por Gadamer desde sua chegada à universidade. Seus interesses, como vimos, giravam em torno da filosofia, das artes, do idealismo alemão, da epistemologia e, antes de tudo, da filosofia heideggeriana. As ideias que o influenciaram na elaboração do livro remetem ao panorama seguinte: rejeitando o "cientificismo" abstrato, defendido pelos neokantianos, Gadamer fez do recurso tanto à origem da ciência nos gregos quanto às filosofias de Husserl e Heidegger a base teórica para confirmar as experiências específicas, realizadas por ele nas artes e na literatura. Nesse contexto, ele não pôde evitar criticar também, como que de passagem, o assim chamado historicismo da época, representado entre outros por J. G. Droysen e W. Dilthey, autores que insistiam na interpretação da hermenêutica como método de pesquisa das ciências humanas e sociais (*Geisteswissenschaften*). A avaliação dessas correntes fez com que Gadamer se convencesse da necessidade de ir além da visão reducionista por eles defendida, a saber, a análise dos fenômenos que aposta tudo na legitimação do conhecimento mediante a reconstrução de causalidades objetivas. Essa visão lhe parecia insuficiente. E foi sua experiência com as artes, com a poesia e a música sobretudo que lhe serviu como pano de fundo às próprias dúvidas. Gadamer se deu conta de que nem a melhor explicação de uma obra de arte é capaz de desvendar o porquê da fascinação que exerce sobre nós. Essa experiência tornou-se a pedra de toque, da qual lhe veio a convicção de que deveria existir outro tipo de conhecimento, capaz de sustentar o inexplicável que existe em um texto ou em uma fala. Desse encontro com a obra de arte, portanto, do misterioso abrir-se a ela e de sua resposta a essa abertura, ele extraiu experiência exemplar do caráter enigmático de qualquer interpretação.

Trata-se de um tipo específico de conhecimento, que se encontra também em situações cotidianas; por exemplo na situação que todo progenitor conhece: ele consegue explicar uma lei da física ao filho (que não a entendeu na sala de aula), ainda que ele mesmo não a compreenda. Qual é, então, a diferença? Quando se fala de "compreender" algo, no sentido estrito da palavra, não se trata apenas de entender a razão de ser ou a constituição do objeto de conhecimento. Nisso consiste o objetivo da explicação. Aquele que queira realmente compreender algo verá implicitamente questionado o seu próprio saber. A pessoa, seu interesse, sua expectativa e seu entendimento prévios influenciam nessa tentativa, como se o verbo "compreender" devesse ser lido como "trazer junto no anzol" a pessoa que tenta compreender. Devido a essas experiências, Gadamer passou a fazer da diferença entre "explicar" e "compreender" o fio condutor ao seus raciocínios sem, entretanto, pensar a existência de uma rivalidade ou oposição entre as duas abordagens. O que para ele estava em jogo era a tematização do que se esconde por trás, ou melhor, ao fundo de todo procedimento científico. Dito em outras palavras, a "doutrina da compreensão" – eis a tradução aproximada do conceito hermenêutica – admite e conta com a influência de pressupostos e interesses ocultos das pessoas envolvidas; pressupostos e interesses que antecedem qualquer ato cognitivo. Sem eles não seria possível sequer formular perguntas, pois elas nascem do respectivo horizonte prévio do entendimento de algo por alguém. "A pergunta aí colocada", ele conclui, "quer descobrir e fazer consciente o que vem sendo encoberto pelo conflito de métodos; algo que, de fato, não delimita e restringe a ciência moderna, senão, ao contrário, subjaz a ela tornando-a, por sua vez, possível" (VM). Nesse trecho do prefácio à segunda edição de *Verdade e método*, Gadamer insiste na tarefa de revelar as condições subjacentes ao saber e, consequentemente, a qualquer pergunta pela verdade. Daí entende-se a escolha do título que, de propósito, não fala de uma "verdade pelo método", como seria de se esperar, senão de "verdade e método". O título indica que a mera adesão do pensamento a um determinado método não garante o conhecimento verdadeiro.

Antes de resumir o conteúdo de *Verdade e método*, é necessário fazer uma breve observação sobre seu estilo. Frente ao amplo leque de fontes, das quais o livro se alimenta, seria de esperar uma complexidade temática excessiva e, em consequência disso, uma leitura também difícil. Mas não. Gadamer tem o dom de escrever em linguagem acessível sem, no entanto, sacrificar a coerência do conteúdo ou simplificar os argumentos. Análises e interpretações são apresentadas com leveza surpreendente e soberana. E o leitor se vê, por isso, preso pela exposição que renuncia ao pesado linguajar cientificista. "Escutar a linguagem" em vez de instrumentalizá-la – eis o lema dessa exposição.

Verdade e método é dividido em três partes, cuja concatenação se evidencia só no decorrer da leitura. Para quem não conhece os primeiros passos do jovem estudioso de literatura e artes, o título da primeira parte deve causar surpresa: "O pôr a descoberto da pergunta pela verdade na experiência da arte". Arte e verdade científica – um par comensurável? O título aponta o motivo, talvez mais forte, que levou Gadamer à sua hermenêutica; ele nasceu de sua experiência pessoal com as artes, que o levou a seguir à pergunta "como é possível o compreender?".

A plausibilidade do falar, assim, acerca dessa experiência específica com as obras de arte mostra-se, por exemplo, quando lembramos uma situação típica, vivida pela maioria dos seus admiradores. Tomemos aquela situação comum, em um museu ou uma galeria de arte, quando um guia – especialista em história das artes – dispõe-se a acompanhar os visitantes. Estes, inicialmente gratos pelas informações recebidas, começam a se irritar no momento em que as explicações detalhadas do perito fazem uma espécie de cirurgia da obra. A sensação é de que ela está sendo tratada como objeto-pretexto de que o guia se utiliza para mostrar os seus conhecimentos. O fenômeno que causa a sensação paradoxal é o seguinte: por maior que seja a competência do perito, as explicações detalhadas ameaçam destruir exatamente a atração misteriosa que a obra exerce sobre o espectador ou ouvinte. Parece que no decorrer das explicações sofisticadas a obra vai perdendo aquele espírito oculto que o atraiu no primeiro momento. Qual a causa desse paradoxo?

Por que o visitante se irrita? Na verdade, essa postura do perito impede ao espectador a possibilidade de entregar-se à obra e viver o desafio que ela lhe lança. As explicações aparentemente soberanas bloqueiam a possibilidade de experimentar a obra como pergunta e desafio à cata de respostas. Desrespeitando essa primazia da obra frente ao contemplador-visitante, o perito o impede de viver a obra como um fenômeno que "quer nos dizer algo". Vale lembrar a metáfora feliz, usada por Schopenhauer (filósofo do século XIX e crítico extremado da prevalência incondicional da razão científica) para caracterizar esse vir ao nosso encontro da obra de arte: dever-se-ia conceder sempre à obra de arte a primeira palavra, do mesmo modo como esta é concedida a um rei frente ao súdito. Só assim, seu horizonte inesperado de sentido entrega-se ao espectador.

O exemplo torna mais compreensível o ponto de partida de Gadamer. A obra de arte não é qualquer objeto à nossa frente; ela é capaz de nos desafiar – e diga-se de passagem, somente essa capacidade faz dela uma "obra de arte". Encarando-se a partir desse ângulo, ele faz nada menos do que uma dura crítica à famosa doutrina do juízo estético, defendida por I. Kant na *Crítica do juízo*. A crítica a Kant encontra-se no início de *Verdade e método*. Segundo ela, Kant teria negado a essência verídica da obra de arte ao tratá-la como objeto da "consciência estética". Abordando-a como a um objeto qualquer, Kant teria perdido de vista o status *sui generis* da obra e, assim, legitimado a falsa postura de soberania do homem frente à obra. Seria necessário aceitar, contra Kant, que no vir ao encontro da obra algo inusitado acontece conosco; algo que nos agarra e desafia, importunando-nos com sua presença. Ao olhar de Gadamer, para um eu não há como manter a soberania pessoal, convicta de si mesma frente à obra de arte.

Ciente da dificuldade de explicitar a experiência *sui generis* que se faz diante da obra de arte, Gadamer recorre, no próximo passo de *Verdade e método*, à experiência do jogo. Foi o desdobramento deste que lhe serviu de modelo à compreensão do tipo de conhecimento criado por aquele singular "ir-se ao encontro" da arte. Esse modelo se tornou característico do que seria posteriormente denominado "experiência hermenêutica". "O jogo como fio condutor da explicação ontológica" – é o título eloquente do próximo parágrafo do livro, no qual o filósofo tematiza o modo de envolvimento dos jogadores em um processo a que tem de se entregar.

Sabe-se que o jogo é considerado um espaço privilegiado que facilita a aprendizagem social, sobretudo por parte de crianças e de pessoas com deficiência. O *homo ludens* (J. Huizinga) é parte da existência humana. Para Gadamer, a lógica estrutural do jogo revela caraterísticas importantes da experiência do ser humano, contribuindo, por isso, para esclarecer questões pedagógicas; de modo que a retomarei mais detalhadamente no capítulo 4. Contento-me por ora com o resumo dos argumentos lançados a esse respeito em *Verdade e método*.

O jogo tem qualidades próprias muito diferentes daquelas da vida cotidiana. Com raiz nos cultos religiosos, ele cria um espaço peculiar, no qual os jogadores se entregam, e inclui regras específicas, às quais os jogadores se submetem. Todo jogo evolui e se constrói mediante o vaivém entre seus participantes. O jogo de xadrez exemplifica bem esse entrelaçamento íntimo: cada lance de um jogador é, ao mesmo tempo, uma reação ao lance anterior e uma ação que desafia o primeiro a reagir por sua vez. O movimento do jogo se dá graças à dependência mútua entre os jogadores; daí a consequência deduzida por Gadamer: "Em princípio reconhece-se aqui o primado do jogo frente à consciência dos jogadores" (1960, VM, p. 178). O jogo tende a ganhar poder sobre os jogadores, fato que explica, entre outros, o risco de se tornarem viciados. Na linguagem do dia a dia encontram-se índices dessa submissão do jogador ao jogo. Dizemos, por exemplo, que "algo está em jogo" ou que o jogador "se perde no jogo" esquecendo o ambiente em torno dele e os compromissos assumidos na vida cotidiana. Quanto mais tenso o jogo, maior o perigo de perder-se nele. Dá para experimentar isso no comportamento das crianças, que não querem abandonar o jogo a que se entregam.

Gadamer encena no modelo do jogo o que acontece na experiência com a obra de arte, que tanto o preocupava. Em ambos os casos trata-se de uma experiência de envolvimento de pessoas, em um processo do qual não conseguem fugir, porque se veem aprisionadas por ele. Aceita essa observação, qualquer acesso compreensivo à obra de arte tem de reconhecer os impulsos e a perspectiva que atuam sobre a pessoa envolvida. Pois bem, é nisso que consiste também a constelação específica da experiência hermenêutica como Gadamer a define. E está aí também a diferença dessa experiência em relação àquela das ciências comprometidas com a matriz de objetividade enquanto base legitimadora do saber verdadeiro, pois o saber gerado pela experiência hermenêutica abraça as próprias pessoas, a sua história, o seu saber prévio, seus preconceitos e suas expectativas.

Em consequência da diagnose extraída no recurso ao modelo do jogo, Gadamer passou a investigar, na segunda parte de *Verdade e método*, o envolvimento das pessoas na fundamentação desse modo de saber. Aplicando o modelo do jogo ao processo de interpretação ou compreensão de textos, ele fez da relação entre o intérprete e o texto – ou, como veremos adiante, entre os integrantes de um diálogo – um vaivém tenso e contínuo entre dois polos. Qual a origem dessa tensão? Qual o motor desse processo? E como a tensão se desenvolve?

Para Gadamer, texto e intérprete deveriam ser tomados como parceiros de um protodiálogo ininterrupto, sem resultado previsível. Olhando mais de perto, surpreende que essa relação não se dê, como seria de se esperar, a partir do interesse do intérprete. Ao primeiro olhar, parece que cada interpretação de um texto parte da pergunta do intérprete pelo sentido oculto no texto; este não é, porém, o verdadeiro impulso inicial. Pelo contrário, cada interpretação tem início em um desafio provindo do próprio texto, que "quer dizer algo" e antecede, portanto, a primeira pergunta do intérprete. A situação inicial ou a tensão originária da relação entre os dois polos, texto e intérprete, é motivada pelo texto. Um texto que não desperta a curiosidade do leitor, não leva a pergunta nenhuma. Contudo, também é verdade que o fato de um texto poder despertar a curiosidade do leitor pressupõe um horizonte de interesses e uma expectativa por parte do leitor, aos quais se acrescenta o apelo vindo do próprio texto. Assim sendo, o interesse de interpretar o texto nasce do conjunto de dois fatores: da provocação criada pelo texto e da expectativa do leitor. É a combinação das duas perspectivas que desencadeia a tensão e o vaivém incessante entre elas. Nem este nem aquele polo por si sós encenam o espetáculo. Constrói-se, assim, o espaço próprio, do qual emerge um saber não premeditado, uma lógica de interpretação que põe em andamento o processo de compreender. E é essa lógica processante, inscrita na apontada experiência da interpretação, o próximo tema de *Verdade e método*, explicitado na estrutura famosa do 'círculo hermenêutico'. Ela já havia sido mencionada por F. Schleiermacher e radicalizada por M. Heidegger, mas Gadamer faz dessa figura argumentativa o cerne de sua análise dos "elementos básicos de uma teoria da experiência hermenêutica" (VM, p. 400).

O que se esconde por trás desse misterioso "círculo hermenêutico" entende-se facilmente a partir das experiências que fazemos na leitura de qualquer texto, seja ele literário, científico, jornalístico, seja de outro gênero qualquer. Basta, para entendê-lo, caracterizar algumas situações típicas já vividas decerto por cada leitor.

O primeiro guia na escolha de um livro é seu título, pois ele cria certa expectativa quanto ao seu conteúdo. O título anuncia algo; depende de o leitor morder ou não a isca. Quantas vezes, o leitor interessado sente-se traído pelo título, que parece vir ao encontro de sua curiosidade, mas não cumpre o prometido! De fato, a experiência vivenciada pelo leitor ao longo da leitura nem sempre atende a projeção evocada no título do livro. Outro fenômeno é aquele do ardil utilizado por um escritor de romances policiais. Esse ardil consiste em deixar certas pistas que levem o leitor a expectativas errôneas quanto à evolução do drama; trata-se de um desvio da expectativa que cria a base para um desfecho surpreendente. Ou ainda outra situação típica, já mencionada: ao reler o mesmo texto após certo período, o leitor encontra dificuldade em entender as anotações feitas quando da primeira leitura. Na releitura sempre motivada por interesses diferentes em relação à primeira, as anotações não fazem mais sentido – mesmo tratando-se do mesmo texto. Não é raro também – eis o quarto exemplo – que, lendo um texto de sua própria autoria, a pessoa estranhe tratar-se de um texto seu; este lhe parece alheio, sendo mesmo possível que sua posição atual quanto ao tema não coincida com a ideia originalmente defendida. Pois bem, em todos esses exemplos tem-se em ação a lógica específica daquele dito "círculo hermenêutico", de modo que é preciso analisar tal movimento.

O texto que chama a atenção do leitor cria determinada expectativa de sentido. Pode-se falar em uma projeção ou antecipação de sentido por parte do leitor. Ela funciona como guia da leitura até o momento em que algumas passagens do texto não fechem mais com o sentido esperado. O leitor vê-se obrigado a corrigir sua expectativa que, vendo-se corrigida, irá passar de novo pelo mesmo teste. O círculo que se reedita pela projeção do possível sentido do todo e a correção forçada, devido a incompatibilidades experimentadas ao longo da leitura é, em princípio, sem fim. Mesmo assim, não se trata de um processo errôneo, pois, na busca de dar consistência à interpretação, o intérprete tenta entrosar no seu todo o maior número possível de elementos do texto numa mesma configuração de sentido. Esse entendimento leva, aliás, a teoria da literatura a considerar superiores as interpretações capazes de integrar em si a maior parte dos elementos de um texto. Trata-se de uma relação curiosa: cada antecipação de sentido do texto no seu todo assume o papel de pressuposto em busca de sua confirmação ao longo da leitura. Ao primeiro olhar isso parece um círculo vicioso, no qual o resultado é pressuposto desde o início. Sabe-se que, na visão da lógica da argumentação, um círculo vicioso desvaloriza o conhecimento alcançado, que não leva a nenhum novo saber. Bem diferente é, contudo, o círculo dito hermenêutico, que só antecipa o sentido do todo enquanto validade apenas provisória, não afirmativa, portanto, porque sujeita à revalidação incessante. O vaivém infinito entre os sentidos contidos no texto e a visão prospectiva do intérprete lhe emprestam uma dinâmica incessante de construção e desconstrução de sentidos. Em consequência disso, não há como chegar a um sentido verdadeiro, último e autêntico de um texto; ele se torna apenas o material de onde extrair os inúmeros sentidos nele contidos, dependendo do acesso escolhido pelo intérprete. Como se vê, o círculo hermenêutico nunca leva a verdades inequívocas tampouco ao repouso do movimento. Sua força está em que o intérprete envolvido no processo descubra sua própria posição em relação aos temas discutidos.

A estrutura do círculo hermenêutico resulta de uma série de fatores que influenciam também a atuação das pessoas envolvidas. Em *Verdade e método*, um dos temas expostos que mais surpreende por contradizer as convicções correntes, é aquele referente ao papel construtivo dos preconceitos. Os preconceitos têm para o filósofo uma função orientadora, sem a qual não se poderia sequer lançar uma pergunta ao texto que se tem à frente. De fato, só aquele leitor que tenha alguma noção geral do conteúdo tratado, por mais precária que seja, é capaz de fazer uma pergunta significativa. Quem, por exemplo, não participou de uma palestra, não tem condições de formular uma pergunta que se ligue ao conteúdo nela apresentado. E quem não tenha um interesse e chegue a uma biblioteca sem critério de escolha ficará paralisado diante da imensa oferta de livros. É por isso que Gadamer lamenta o "preconceito do Iluminismo em relação aos preconceitos" (VM, p. 408), aos quais a tradição iluminista considera apenas como uma fonte de argumentação irracional. Outro tema aí tratado é o da primazia da pergunta diante das possíveis respostas, afirmando-se que qualquer pergunta delimita os horizontes e o leque dentro dos quais a resposta pode fazer sentido. Para fazer sentido, uma resposta jamais deve ser aleatória; ela sempre reage ao desafio de uma pergunta anteriormente colocada. E como se isso não bastasse, Gadamer atribui o mesmo papel construtivo à tradição e à autoridade como fontes dos preconceitos. Não há como negar, decerto, que ambas são vistas hoje como critérios ultrapassados; porém, é justamente contra o desprezo corrente desses conceitos, que o filósofo os valoriza na medida em que remetam a uma sua fundamentação racional. Um quarto tema remete à fórmula "história da efetuação" (*Wirkungsgeschichte*), que aponta ao papel constitutivo das reformulações do sentido do texto ao longo da história de sua recepção. Textos considerados clássicos são exemplos dessa enorme acumulação de sentido. Graças à riqueza de conotações neles contidas, esses textos oferecem uma fonte inesgotável de sentido, "dando algo a pensar" mesmo em épocas diferentes. No capítulo 4 tratarei em detalhes esses quatro aspectos indicados no contexto de questões pedagógicas.

Com o reconhecimento do círculo hermenêutico, Gadamer aponta a mais um aspecto importante, a saber, a recuperação do conceito de experiência. O filósofo atribui a esse conceito um duplo papel: só através da contestação do conhecimento em vigor (eis o aspecto negativo) chegaríamos à construção de um saber novo (o aspecto positivo). Isso significa que somente mediante uma postura crítica nasce algo novo. Como a experiência hermenêutica é vista como movimento entre o desafio lançado pelo texto e a expectativa de sentido por parte do leitor, abrem-se significados antes desconhecidos desde que o texto seja tratado como um interlocutor à altura do leitor-intérprete. Graças à sua inserção nesse movimento incessante, o leitor experimenta um saber novo, não construído por ele, senão emergente de sua relação com o texto. A alusão da palavra alemã *Erfahrung* a *fahren* (percorrer um território), mantém viva a conotação de aventura inscrita ao conceito de experiência.

Contento-me com esse resumo da segunda parte de *Verdade e método*, embora esteja consciente de não fazer jus a toda a sua amplitude temática. Resta-me por ora lembrar os raciocínios principais da terceira e última parte do livro.

A última parte de *Verdade e método* é dedicada à linguagem e se intitula: "A virada ontológica da hermenêutica mediante o fio condutor da linguagem". Tomando ao pé da letra esse título, talvez se esperasse o tratamento de questões ligadas à língua como meio da experiência existencial do homem; mas o título engana. Embora iniciando seus raciocínios tomando "a linguagem como meio da experiência hermenêutica" (parte 3,1), Gadamer deixa logo claro que, nessa obra, a interpretação de textos é o campo por excelência dessa experiência. Até mesmo a afirmação de que só "se entende uma língua quando nela se vive" não o impediu de recorrer sobretudo às experiências baseadas na abordagem de textos. Ao primeiro olhar, essa redução da experiência hermenêutica ao "ser para o texto" – eis a crítica de O. Marquardt que remete ironicamente à expressão heideggeriana do "ser para a morte" – não faz sentido, pois a verdadeira vida humana constrói-se através de relações intersubjetivas, ou seja, mediante a comunicação e o diálogo. Não obstante, Gadamer trouxe um argumento razoável para defender sua preferência de então quanto ao trabalho com textos. Ele lembrou que, uma vez fixado no texto, o pensamento do autor se desliga dele ganhando autoridade e vida próprias. A partir do corte dos laços com o autor, a escrita fala por si só ou, citando de novo a formulação de Lutero, ela se torna o "seu próprio intérprete". A tese conta de fato com uma velha tradição literária: textos considerados "clássicos" representam uma fonte inesgotável para a interpretação, graças à tematização de questões atemporais e independentes das circunstâncias da época de sua elaboração. Além disso, seria difícil ou, na maioria dos textos antigos, até impossível reconstruir as circunstâncias de sua elaboração e o sentido a eles originalmente atribuído pelo seu autor. Não há como recuperar definitivamente a sua origem. É essa "autonomização" da obra que faz com que a *Odisseia*, os diálogos de Platão ou as Sagradas Escrituras continuem "nos dizendo algo" e apelando ao nosso atual interesse.

Sem dúvida, a insistência de Gadamer em dar preferência a textos como base da experiência hermenêutica deveu-se principalmente ao fato de sua formação enquanto filólogo predominar naquele momento. A terceira parte de *Verdade e método* vem ainda impregnada dessa obsessão. Mostram-se aí, todavia, os primeiros sinais de sua preocupação com a linguagem viva como o campo de experiência privilegiado de nosso estar-no-mundo. Prova disso é o fato de ele voltar-se ao pensamento grego e enfatizar a tese de que só na língua o *logos* ganharia vida. O título da parte III,3 do livro, "A linguagem como horizonte de uma ontologia hermenêutica", remonta a essa tradição grega e critica quanto à ingenuidade de se querer fazer da língua um objeto de interesse apenas científico. Por mais sofisticado que seja o esforço da filosofia analítica de estabelecer critérios unívocos para o uso cientificamente correto da língua, – observa Gadamer –, ela perde de vista seu caráter essencialmente enigmático inerente e, na verdade, impossível de escamotear. E mais, é justamente esse caráter enigmático para o pensamento que faz da língua o meio por excelência da existência humana. Em vista disso, o que ele mesmo faz é contrapor ao reducionismo analítico a força especulativa da linguagem. Para legitimar essa opção, Gadamer apela ao testemunho de várias experiências cotidianas. Quem não conhece, por exemplo, aquela busca desesperada por um conceito adequado, quando da necessidade de expressar uma ideia no papel ou de comunicá-la ao interlocutor em uma conversa? Quem já não viu suas formulações influenciadas pela "melodia" da linguagem, que o leva muitas vezes a modificar a escrita de um texto? Ou sentiu o desvio de seus raciocínios a partir de um conceito que, surgido de modo inesperado, o fez seguir um rumo de pensamento não previsto? E quem já não descobriu o sentido originário perdido de uma palavra da língua materna ao buscar no dicionário o seu equivalente em outra língua? (FLICKINGER, 2011, p. 12). Exemplos não faltam para confirmar a presença de elementos enigmáticos na língua viva. Por isso, eu repito, Gadamer fala acerca da hermenêutica enquanto processo de compreender "o quanto fica de não dito, quando se diz algo". A língua, na verdade, oculta muito mais do que revela.

Foi, em todo caso, essa sua insistência no potencial especulativo da linguagem, evidenciado na interpretação de um texto – afirmação repetida ao final de *Verdade e método* –, que o filósofo provocou, novamente, a crítica de que sua argumentação teria atentado apenas a questões ligadas ao trabalho filológico-histórico com conceitos e textos. Segundo essa crítica, Gadamer teria desconsiderado o diálogo vivo como lugar onde o verdadeiro potencial especulativo da língua chega a se concretizar, pois seria não nos textos, senão na relação direta entre os interlocutores que se experimentariam com maior clareza a dúvida e o desamparo quanto à escolha da palavra certa. Isso se verificaria em situações de incerteza tais como: será que consegui me expressar adequadamente? É mesmo essa a palavra que consegue expressar o que eu quis dizer? O que queres dizer com isso?

Como vimos, Gadamer tomou a sério todas as críticas feitas à obra *Verdade e método*. Esclarecimentos e correções encontram-se no escrito "Tentativa de uma autocrítica" (1985, VM II), no prefácio à segunda edição e nos posfácios às terceira e quarta edições dessa obra. Não foram essas, porém, as únicas concessões. Em vários ensaios, escritos ao longo das três décadas após a publicação de sua obra-prima, o filósofo revisou e aperfeiçoou sua concepção. Deixando de lado a preferência anterior pelo trabalho com textos, ele passou a valorizar as experiências com a linguagem viva, sobretudo, com o diálogo realmente entabulado.

Esclarecimentos e correções nos anos 1970 e 1980

Publicados sob o título *Hermenêutica II*, no segundo volume das *Obras reunidas* (1986) – traduzido para o português e publicado sob o título *Verdade e método II* – uma série de ensaios giram em torno dos temas mais polêmicos de *Verdade e método*. Além de, reagindo às críticas feitas ao livro, esses ensaios fazerem correções e trazerem os (auto)esclarecimentos do autor, trata-se neles de explicações mais detalhadas e, em parte, também de novos argumentos. Com outros trabalhos, distribuídos em vários volumes das *Obras reunidas* e em publicações suplementares, Gadamer completou o panorama de seu entendimento da hermenêutica filosófica. Dando prioridade ao seu vínculo com as questões pedagógicas que os torna interessantes para nós, pretendo desde já diferenciar esses trabalhos dos anos 1970 e 1980 segundo seis itens, que servirão para estruturar o capítulo 4. Falarei acerca da relação entre pensamento e linguagem viva (p. 65); da arte de dialogar (p. 80); da *phrónesis* como saber prático (p. 95); das implicações éticomorais (p. 102); da postura crítica, sobretudo diante de ideologias (p. 109); e da pretensão universalista da hermenêutica (p. 120).

Reagindo às críticas e a fim de sustentar melhor sua argumentação, Gadamer concentrou seus raciocínios em primeira linha na relação entre pensamento e linguagem viva. "Não existe uma primeira palavra; todavia, aprendendo enfiamo-nos na língua e no mundo." A citação, extraída ao texto "Até que ponto a língua prescreve o pensamento" (1970, VM II), atribui à língua o papel de meio da descoberta de nosso estar-no-mundo. Ela reflete, portanto, o potencial do pensamento. O pensamento não encontra outro lugar de formação e articulação a não ser na língua; é impossível pensar fora dela. Cada busca de palavra que "expresse" o pensamento torna-o palpável não apenas para quem ouve, senão também para quem fala. Essa tese, que faz da língua o horizonte primeiro de qualquer experiência do mundo, já havia sido reforçada no ensaio de 1966 (VM II) sob o título "Homem e linguagem". Partindo da definição aristotélica, segundo a qual o ser humano se diferenciaria dos outros seres pelo fato de possuir *logos*, Gadamer acrescentou que o próprio pensamento realiza-se necessariamente na língua, isto é, no seu meio: "Podemos pensar somente na língua" escreve ele, "e é exatamente no habitar de nosso pensamento na língua que consiste o enigma profundo que a língua coloca ao pensamento... Em geral, a língua não é instrumento ou ferramenta" (VM II, p. 176). Pelo contrário, é nela que o pensamento se executa. A tese tem suas consequências, para quem queira compreender algo ou alguém. Em *Linguagem e compreensão* (1970, VM II) encontram-se várias observações a esse respeito. Gadamer defendeu aí a tese de que qualquer tentativa de compreender significa entregar-se à língua; a língua torna-se, assim, o que se poderia denominar o *pneuma* dos modos de pensar e de comunicar. Em textos posteriores reforça-se a tese da primazia da linguagem frente à reflexão: a linguagem como base da experiência existencial do homem. Vale lembrar, entre outros, os ensaios *Sobre a verdade da palavra* de 1971 (GW, v. 8); *Limites da linguagem*, de 1985 (GW, v. 8); *Pensar junto à linguagem* (1990, HeR) e *Heidegger e a linguagem* (1990, VM II). Esses textos documentam a preocupação contínua do filósofo com o tema. É óbvio que essa distinção ontológica da língua será levada em conta também pelas matrizes pedagógicas. É também óbvio que os textos referidos oferecem uma base importante para as considerações que faço no capítulo 4, o último do presente trabalho.

Uma vez (re)conquistada a consciência quanto à função distintiva da linguagem viva, é natural passarmos à investigação do diálogo como campo de construção das experiências sociais. Pois a vida social dá-se sobretudo mediante a linguagem, mais precisamente do diálogo em sentido amplo, incluindo-se também as formas não verbais de comunicação. As primeiras experiências de Gadamer nesse sentido, relatadas em trabalhos publicados já antes de *Verdade e método* e com vistas à dialética platônica e à sofística, viram-se retrabalhadas por ele em diversos ensaios, entre os quais constam: *Sobre a contribuição da arte poética na busca da verdade* (1971, GW, v. 8); *Retórica e hermenêutica* (1976, VM II); *Ouvir – olhar – ler* (1984, GW, v. 8) ou *A ética dialética de Platão – tomada ao pé da letra* (1989, GW, v. 7) e, não por último, *Dialética não é sofística*, de 1990. Mesmo assim, os ensaios por certo mais instigantes para a área da pedagogia foram publicados sob os títulos: *A incapacidade para o diálogo*, de 1972 (VM II); *De professores e alunos* (1986, HeR); *Tratamento e diálogo* (1989, CoS) e *Da palavra ao conceito* (1995). Sobretudo os últimos ensaios confirmam que Gadamer reconheceu no diálogo o espaço privilegiado da experiência hermenêutica. Mais ainda, os textos destacam a linguagem como o lugar em que se sedimentam as tradições culturais e suas transformações. Os textos trazem também à tona a fonte do conflito entre a "efetuação da tradição" e a expressão adequada das transformações socioculturais em andamento, e denunciam o "cientificismo total" como matriz de acesso ao mundo moderno – um cientificismo que escamotearia o papel constitutivo da historicidade na fundamentação do saber verdadeiro. Enquanto a epistemologia objetivista busca legitimar e fortalecer o conhecimento mediante princípios últimos e a-históricos, o diálogo indica um rumo diferente. Um rumo que questiona as convicções supostamente seguras dos interlocutores, expondo ao teste de veracidade o saber petrificado nos preconceitos e nas ideologias. Defendendo o caráter histórico de todo saber – expresso na fórmula pouco feliz da "consciência da história da efetuação" (*wirkungsgeschichtliches Bewusstsein*) –, que, junto à língua, marca o horizonte do entendimento, Gadamer viu no diálogo um movimento em princípio aberto. Nele os interlocutores são forçados a revelar e questionar as suas próprias certezas, fundadas em experiências anteriores; e o diálogo se desenvolve fazendo deles os "seus" integrantes. É possível vislumbrar essa despotencialização dos indivíduos como supostos donos do processo em formulações da língua cotidiana, como: "não me perturba, estou no meio de uma conversa"; "o fio da conversa foi interrompido"; "a conversa não me convenceu"; ou "a conversa foi interessante, porque me fez repensar algumas coisas". Essas formulações apontam para a autonomia relativa do diálogo frente aos interlocutores; ele "incorpora" os seus integrantes, os torna parte de seu "corpo".

Tomado dessa maneira, salta aos olhos a proximidade estrutural do diálogo com o jogo. Como este, o diálogo exige antes de tudo a disposição dos interlocutores de entregar-se ao risco permanente de ver colocadas em xeque suas supostamente inabaláveis certezas. Nenhum dos envolvidos é dono do processo; ao contrário, cada um encontra-se dentro de um todo, no qual é apenas um elemento, ainda que constitutivo. Nisso o diálogo verdadeiro se diferencia das demais modalidades de comunicação social. Nem o discurso, nem a doutrinação ou o interrogatório tratam os envolvidos como pessoas de igual para igual, prontas, se necessário, a revisar expectativas e convicções preconcebidas.

Como se vê, o saber criado no diálogo difere do conhecimento objetivo, visado pelo conhecimento científico moderno. O último se dá à base de métodos e técnicas, aos quais qualquer pessoa, em princípio, tem acesso. Essas técnicas podem ser tanto ensinadas e apreendidas quanto aplicadas nas mais diferentes situações. O conceito grego da *techné* refere-se a essa qualidade. Diferentemente dessa restrição, o saber que brota do diálogo depende das pessoas envolvidas, com suas histórias, convicções e habilidades específicas. Mesmo sem se dar conta disso, cada pessoa traz para dentro do diálogo experiências, trajetória biográfica e matrizes ético-morais próprias. O saber prévio, a formação e o hábito influenciam não só na definição dos interesses senão também na interpretação da situação e da temática concretas, assim como na reação oportuna ou não dos coadjuvantes. Não há, por isso, como excluir os fatores subjetivos. Subjaz, portanto, ao diálogo uma lógica própria de produção do saber; daí a importância de sua função pedagógica.

Para explicitar o tipo de saber a que se referia, Gadamer voltou-se à filosofia prática de Aristóteles, tomando a ela o conceito da *phrónesis* que, a partir daí, ocupou lugar central em sua própria filosofia. O conceito aponta para um tipo de saber prático, com o qual chegamos ao terceiro núcleo apontado da reação gadameriana às críticas sofridas pelo seu *Verdade e método*.

Uma série de textos publicados nas últimas décadas do século XX levam a compreender o conceito de *phrónesis* e, através dele, a própria concepção epistemológica da hermenêutica filosófica. Destacam-se aí: *Sobre a possibilidade de uma ética filosófica* (1963, GW, v. 4); *A ideia do bem entre Platão e Aristóteles* (1978, GW, v. 7); *Os gregos* (1979, GW, v. 3), onde Gadamer defendeu a tese de que "a *phrónesis* e a *synesis*, que lhe é familiar, é a virtude hermenêutica por excelência"; *Cidadãos de dois mundos* (1985, HeR); a *Réplica* (1971, VM II) às críticas, lançada na coletânea *Hermenêutica e crítica de ideologia* (1971), tal como *Teoria, técnica, prática*, de 1972 (CoS). Não há espaço para a interpretação detalhada desses textos. Resumirei apenas o cerne em torno ao qual eles giram, a fim de chegar à essência do conceito grego.

Através de dois exemplos, quero mostrar a distinção entre o "saber prático" e o conhecimento legitimado pela teoria, e o primeiro deles foi referido pelo próprio Gadamer. Trata-se, neste primeiro exemplo, dos diferentes tipos de competência atribuídos, por um lado, ao cientista e, por outro, ao político. O cientista dispõe de conhecimentos legitimados por critérios objetivos, reconhecidos na sua área; confiando nesses, ele analisa e avalia os fenômenos de seu campo de investigação, e os resultados assim obtidos devem ser aceitos como verdadeiros. Basta, portanto, que respeite as regras científicas da investigação, e o cientista não terá de assumir a responsabilidade pelo possível fracasso de sua investigação. Bem diferente é a postura do político, que precisa de um grau apenas restrito de conhecimentos técnico-científicos. Sua competência principal consiste em decidir sobre a necessidade e o modo de intervenção no ambiente sociopolítico concreto. Trata-se de uma competência adquirida antes de tudo em experiências práticas; experiências sempre testadas de novo e nas mais várias constelações concretas, que exigem decisão e ação. Enfim, o político funda o seu agir em um saber acumulado ao longo da práxis. E é pouco eficiente substituí-lo, como acontece com frequência em casos de sérias crises políticas, por um qualquer cientista ou técnico, por mais qualificado que seja. O saber prático depende do indivíduo e da experiência pessoal, acumulada ao longo da vida profissional; de modo que essa sensibilidade política não se ensina como se fosse um instrumento ou uma técnica qualquer a serem apenas aplicados. Junta-se a esse um outro fator igualmente importante. Mencionei antes que, mesmo diante de resultados desfavoráveis, o cientista legitima sua atuação recorrendo aos princípios reconhecidos pela comunidade científica de sua área. O político, por sua vez, depende da legitimação política de seus atos. E esta o impede de fugir à responsabilidade plena quanto aos resultados de suas decisões e intervenções. Ele será sempre o "culpado" de um mau resultado. Fazendo-se da responsabilidade do agir político um momento caraterístico da *phrónesis*, é natural que esse tipo de saber enfrente permanentemente o teste da práxis, que leva por vezes a modificações como reação às novas experiências e circunstâncias.

Extraio o segundo exemplo da área da educação. Suponhamos que o professor se veja na obrigação de reagir ao aluno que transgrediu certa regra de comportamento válida em sala de aula. É óbvio que o bom profissional conhece alternativas disponíveis para reagir a esse deslize. Contudo, na situação de decidir quanto à medida adequada a ser aplicada, ele tem de escolher entre diversos modos de atuar: é necessário, no caso concreto, estabelecer um exemplo para os outros alunos? Deveria ser levada em conta a biografia precária do infrator, que lhe influencia a conduta? Qual a medida certa da reação? Seja lá como for, o que interessa aqui e o tipo de saber a que recorrerá o professor, para resolver a situação difícil. A resposta a essa pergunta depende muito de experiências práticas feitas pelo educador em situações anteriores. Não basta o conhecimento adquirido ao longo de sua formação profissional. Como não há receita geral, à qual ele possa recorrer, resta-lhe confiar na sua capacidade de adequar o conhecimento teórico ao contexto e às condições concretas de sua intervenção.

Esses dois exemplos – e no trabalho do jurista, do sociólogo, psicólogo ou teólogo mostram-se as mesmas dificuldades – evidenciam o fato de que não basta os profissionais das áreas político-sociais recorrerem a determinados métodos e regras meramente técnicas. Regras de procedimento por si sós não garantem uma reação adequada, pois falta aos métodos e às regras gerais a possibilidade de diferenciação de peculiaridades, na situação concreta e única de sua aplicação. A reação profissional tem de recorrer, portanto, a um saber que nasce da reflexão acerca do sentido das normas e dos princípios, nos quais a atuação concreta se apoia. Esse é o entendimento da *phrónesis*, a que Gadamer apelou, opondo-o à conduta científica que se apoia, em primeira linha, em métodos abstratos e regras técnicas, ou seja, na *techné* como instrumento manipulável. Do que se conclui que a *phrónesis* tem duas caraterísticas. Primeiro, ela visa o saber prático, estabelecido à base de experiências, mas exposto continuamente ao teste de validade por ocasião de cada intervenção nas situações concretas. Ou, como Gadamer escreve: "O saber da *phrónesis* não é, de modo algum, um saber *ex ante* (que pode fracassar no momento decisivo), senão a visão do possível e útil que se abre a todo existir prático" (1930, GW, v. 5, p. 242). Além disso, o profissional se vê obrigado a defender as razões que o levaram a escolher a intervenção por ele favorecida. É sua própria postura profissional que está em jogo e lhe cabe assumir a responsabilidade integral pelos resultados de sua atuação: "Cabe à práxis a escolha, a decisão a favor ou contra algo; e nisso atua a reflexão prática que é ela mesma altamente dialética" (1974, GW, v. 4, p. 224). Essa questão da responsabilidade leva-nos ao quarto núcleo temático dos escritos dos anos 1970 e 1980; a saber, a implicação ético-moral da experiência hermenêutica.

A questão da responsabilidade pessoal perpassa toda experiência hermenêutica. Não que haja um texto, no qual Gadamer trate especificamente desse tema, mas a preocupação com o diálogo e a língua viva como o meio social por excelência leva necessariamente à questão pelos princípios e das posturas sociais que condicionam sua assunção ou não.

O termo "responsabilidade" (em alemão, *Verantwortung*) remete à raiz "responder" (*antworten,* em alemão). Na maioria dos idiomas ocidentais encontra-se a mesma referência: *responsability, responsabilité* ou "responsabilidade" documentam a origem latina do conceito. Em sentido literal, a responsabilidade indica a disposição de alguém de "responder" à pergunta de outrem quanto aos motivos e critérios de seu agir. Trata-se, portanto, de um termo essencialmente social. A pessoa assume a responsabilidade ao respeitar o outro e seu direito de ver tomada a sério a pergunta pela legitimidade de determinada atuação. Responsabilidade significa, portanto, prestar conta do próprio agir. O raciocínio vale também – e em sentido particular – para o diálogo. Ele se refere a uma postura ético-moral, na qual cada pessoa aceita o desafio colocado pela pergunta do outro. A pessoa se vê solicitada a aceitar o papel de seu parceiro na construção do diálogo como espaço social. Não é exagerado dizer que o diálogo vivo obriga os interlocutores a se reconhecerem mutuamente como pessoas responsáveis. O vir ao encontro do outro, no diálogo, é como uma pergunta que abre o horizonte de um sentido não previsível, horizonte que se constela só ao longo do vaivém das perguntas e respostas. Tal como no jogo, onde os participantes integram um processo comum, o diálogo só surte efeito produtivo quando os interlocutores se respeitam mutuamente como coautores de um saber em devir. Devido a esse relacionamento, a experiência do diálogo verdadeiro contém o gérmen de uma teoria do reconhecimento. Não surpreende, pois, que o recente aperfeiçoamento e a defesa dessa teoria por A. Honneth tenha recorrido a argumentos centrais da concepção hermenêutica de Gadamer.

As implicações ético-morais da experiência hermenêutica trazem consigo mais uma consequência importante, a saber, um modo peculiar de fundamentar a postura crítica. O tema não se encontra apenas numa série de trabalhos espalhados na obra de Gadamer ao longo dos anos 1970 e 1980; ele também foi destaque na disputa documentada na coletânea intitulada *Hermenêutica e crítica de ideologia* (1971), publicada por K.-O. Apel. Nessa coletânea temos a contribuição de Gadamer, intitulada *Retórica, hermenêutica e crítica de ideologia*, na qual o filósofo faz considerações metacríticas acerca de *Verdade e método* (VM II) e detalha os argumentos de seu ensaio de 1967 sobre *A posição da filosofia na sociedade atual*. É, porém, sobretudo no ensaio *Heidegger e a sociologia – Bourdieu e Habermas*, de 1979/1985 (HeR), que se encontra uma referência muito concreta ao que o filósofo entende por crítica. Segundo ele, a crítica verdadeira não se restringe à tarefa de desmascarar a consciência falsa que subjaz à concepção criticada; essa foi, como sabemos, a posição defendida por J. Habermas. Para Gadamer, no entanto, qualquer crítica válida deve passar pela desconstrução das camadas de significado sobrepostas ao longo da recepção da teoria em questão. Este, segundo ele, é o único caminho acertado na busca do cerne argumentativo da teoria criticada. Só assim se satisfaz a ideia de uma crítica de ideologias. E a fim de evitar que a crítica desemboque em uma mera contraposição de convicções petrificadas, é necessário, em um primeiro passo, desvendar o núcleo argumentativo da posição questionada. Escutar o outro antes de contrapor-lhe argumentos é a palavra de ordem. Trata-se de um desafio a ser aceito, como veremos, também no que se refere à construção do campo pedagógico.

Chegamos, com isso, ao último item temático abordado nos escritos que tratam de corrigir ou enfatizar alguns aspectos de *Verdade e método*. É este talvez o item mais polêmico levantado pelos críticos de Gadamer. Refiro-me à crítica à validade da pretensão universalista da hermenêutica filosófica. O filósofo foi censurado sobretudo por representantes do racionalismo crítico (e. g. Karl Popper e Hans Albert) e pela teoria crítica dos frankfurtianos da segunda geração (cujo protagonista principal é Jürgen Habermas). Estes o acusaram de falta de espírito crítico na concepção dessa obra. A isso Gadamer respondeu defendendo nela o gérmen crítico intrínseco a toda e qualquer reflexão hermenêutica. Remeto aqui a ensaios, que considero sobremodo instrutivos a esse respeito: *A universalidade do problema hermenêutico* (1966, VM II), *Retórica, hermenêutica e crítica de ideologia* (1967, VM II) e *Réplica*, que ele escreve para a já referida coletânea de ensaios críticos, publicada sob o título *Hermenêutica e crítica de ideologia* (1971, VM II). Nesses ensaios, Gadamer recorre novamente ao argumento que toma em consideração o papel construtivo dos "pré-conceitos" e da tradição no processo do compreender; uma tese sem dúvida ousada frente ao desprezo desses dois fatores pela concepção científica comum. Da perspectiva de Gadamer, porém, qualquer novo saber tem sua origem na avaliação de um saber prévio, que vem sempre contido em preconceitos nele ocultos. Desse modo, para se tornar válido, o novo saber precisa recorrer justamente ao que nega para ser "novo". Todo progresso do saber deve-se, assim, à presença nele da destruição e dos destroços do saber anterior; uma constatação que, segundo o filósofo, comprovaria a função crítica de toda reflexão hermenêutica. O mesmo poderia ser dito acerca da desvalorização indevida do papel da autoridade, quando da defesa de determinada convicção. Pois é preciso diferenciar a falsa autoridade, fundada sobretudo no autoritarismo ou na violência, em relação a uma autoridade que se baseia no reconhecimento do argumento racional superior, à qual Gadamer não hesita em atribuir legitimidade inquestionável: "Assim, o reconhecimento da autoridade está sempre ligado à ideia de que o que é dito pela autoridade não é ditado por um livre-arbítrio irracional, senão pode, em princípio, ser entendido" (1960, VM, p. 420). A verdadeira autoridade é, portanto, algo que a pessoa adquire graças à sua competência racional; é a razão que aqui figura como tribuna crítica. E, com certa ironia, o filósofo concluiu que "quem invoca a autoridade não a possui".

É óbvio que os dois aspectos centrais, que sustentam a pretensão universalista da hermenêutica filosófica – a língua como meio da experiência existencial e o papel crítico do preconceito e da autoridade – valem para todas as áreas científicas, independentemente de sua pertença às ciências humanas e sociais ou às ciências naturais. Como a pedagogia não foge a essa caraterização, eu voltarei ao tema no próximo capítulo.

Capítulo IV

A HERMENÊUTICA FILOSÓFICA E A EDUCAÇÃO

A reconstrução feita até aqui da trajetória intelectual de Gadamer e da evolução de sua concepção filosófica deu-nos já algumas pistas que remetem ao núcleo da práxis pedagógica, de modo que se poderia, à base desse referencial, desenvolver uma teoria pedagógica. Importa-nos, porém, aqui, pôr em relevo a fertilidade da hermenêutica gadameriana para a atuação pedagógica concreta; uma fertilidade que se mostra, antes de tudo, na recuperação de aspectos negligenciados ou até reprimidos nos debates e na práxis pedagógica hoje em vigor. Sem a pretensão e sem o espaço para trazer à tona a pluralidade de tópicos relevantes para o assunto, eu me contentarei com a abordagem dos seis itens referidos no capítulo anterior, saber, o papel da linguagem, o diálogo vivo como meio do desdobramento social, o saber prático, as implicações ético-morais, a fundamentação da postura crítica e a pretensão universalista da hermenêutica filosófica.

Linguagem e reflexão

Gadamer vê na linguagem o campo da experiência existencial do homem. Se tomamos a sério essa concepção fundamental de sua hermenêutica, percebemos que ela põe o dedo em várias feridas do sistema e da prática sociais de caráter também pedagógicos. A legitimidade dessa constatação é observável em alguns fenômenos típicos que caracterizam o cenário atual da educação.

Ao longo das últimas décadas, o debate principal na pedagogia alimentou-se das queixas quanto à crescente carência na formação básica das crianças e dos adolescentes. Não faltam pesquisas em torno desse fenômeno em nível tanto nacional quanto internacional. O sinal mais visível disso, o analfabetismo, não é o único problema a considerar. Existem outras deficiências graves, tais como a constatada dificuldade de leitura e estruturação de argumentos ou redação de textos. Não é este, naturalmente, o lugar de investigar ou comentar tal fenômeno. Basta saber que sua avaliação recente indica que essas carências têm algo a ver com o avanço do que se pode chamar de visão reducionista da língua, visão que, mesmo sem querer, faz da língua um mero objeto de manipulação. Entre os sinais dessa tendência instrumentalista da língua estão: (a) o excesso de informações, que dificulta a percepção e diferenciação de seu significado e de sua relevância; (b) a sujeição acrítica das pessoas a normas e ideais de comportamento induzidos pelas mídias e pelos meios de comunicação, que os propagam como critérios da integração social; (c) o avanço e a penetração da informática na vida cotidiana, que dá preferência à postura receptiva das pessoas em detrimento de seu potencial reflexivo-criativo; (d) a transformação do debate político-público em retórica vazia; e (e) o desprezo do ouvido em favor da visualização do pensamento. Todos esses sinais indicam a perda da língua como horizonte em que a pessoa experimenta o seu estar-no-mundo e, acima de tudo, o seu entrosamento na rede social.

De fato, a linguagem há muito já deixou de ser vista como *logos* no sentido originário da palavra grega. Isto é, ela deixou de expressar determinada ordem racional, que funcionava como base de orientação. Pelo contrário, transformada agora em mero instrumento de troca de informações e diretrizes, o indivíduo não tem mais acesso à riqueza de seus significados contextuais. Reduzida a objeto ou instrumento, a língua torna-se o invólucro esvaziado de suas reflexões multidimensionais, fazendo-se o meio instrumental afirmativo do não diálogo, da recusa de alternativas. O avanço da "tecnologia" de informação – conceito que alude à *techné* grega como instrumento aplicável – vem reforçando o desvirtuamento do papel da língua como espaço de construção e reflexão de sentido. Pois bem, é contra essa dinâmica que a hermenêutica filosófica argumenta, lembrando a pedagogia da necessidade de contrabalançar essa tendência unilateral. Qualquer projeto pedagógico, portanto, sejam quais forem os níveis e os espaços institucionais de sua realização, deveriam levar em consideração essa função da língua como "moradia" – eis como Gadamer a compreende, opondo-a ao reducionismo indicado acima.

O risco de perdermos a consciência da linguagem como horizonte instransponível da formação educacional evidencia-se, antes de tudo, quando se pensa hoje na situação precária das crianças e dos adolescentes. Indicadores levantados nas últimas duas décadas mostram que a garantia do bem-estar dos jovens tornou-se uma das preocupações mais urgentes em países do mundo inteiro. Não só o problema da violência doméstica deveria ser subestimado; mas também fica cada vez mais significativo o risco de exclusão social dos jovens em vista da precariedade de seu acesso ao sistema de formação. Inúmeras são as reações a isso: desde leis nacionais e convênios internacionais até a institucionalização de conselhos tutelares no nível municipal, por exemplo no Brasil, visam melhorar a situação sobretudo de crianças e adolescentes em condições de vulnerabilidade. No entanto, por mais importante que seja esse instrumentário legal dificilmente atinge a base do problema; esta é muito mais ampla, enterrada que está na insuficiência da competência comunicativa, seja ela na escrita, seja na articulação verbal. Tal insuficiência não leva apenas à desintegração comunicativa, fechando as portas à plena participação dos envolvidos na vida social, senão também à perda da própria identidade cultural. Trata-se de um fenômeno que não só ocorre mais frequente e diretamente com pessoas com fundo migratório, sobretudo jovens, mas também atinge outros grupos e camadas nem sempre considerados vulneráveis. O fato pode ser estudado no dia a dia dos países europeus, desde os anos 1960, como provam as revoltas de adolescentes nos subúrbios das grandes cidades. A mesma experiência ocorre em relação aos grupos étnicos minoritários, tais como os índios, caboclos ou imigrantes ilegais no Brasil. Observam-se défices comunicativos na maioria das sociedades em que a segregação social é grave. Tais défices são visíveis tanto dentro do sistema formal de educação – antes de tudo nas escolas – quanto no seio de famílias vulneráveis ou em grupos subculturais de jovens, onde o uso da violência de algum modo compensa a falta da competência verbal no manejo dos conflitos. Tampouco os adultos escapam a certa incapacidade de dialogar com os jovens. E na medida em que não adquiram a competência que lhes dê a chance de verbalizar suas demandas, os jovens voltarão a recorrer às formas violentas de comunicação. Com efeito, o comportamento violento é um modo de dar voz a reivindicações não verbalizadas. Nas situações em que a articulação verbal não se integra no hábito, a violência a substitui.

Há de parecer curioso, ao primeiro olhar, o terceiro exemplo, com o qual se quer documentar a importância da língua na inserção da pessoa em seu ambiente social. O exemplo diz respeito à função social na prática da autoexclusão social voluntária, prática existente sobretudo entre crianças e adolescentes, mas também no contexto de minorias étnicas ou culturalmente marginalizadas pela sociedade majoritária. No caso de crianças observa-se, por exemplo, a criação de uma linguagem secreta, no intuito de impedir que os adultos tenham acesso a seu círculo de referência. Nesse caso, a linguagem torna-se a chave de um segredo comum entre os membros de um grupo infantil que se quer proteger da invasão dos adultos. Tem-se aqui, na verdade, o uso mais ou menos consciente da língua como "casa", da qual Heidegger nos fala, e como espaço de autoafirmação. Algo semelhante, embora com certa agressividade, é praticado por subculturas juvenis que se opõem às normas restritivas de comportamento impostas pelo mundo dos adultos, ao delimitar seu próprio espaço de atuação. Pode-se pensar ainda em círculos criminosos, onde os membros criam sua própria linguagem secreta, ou em minorias culturais, tais como os já mencionados colonos, etnias indígenas ou imigrantes, que tentam conservar sua língua materna contra a cultura majoritária, considerada ameaçadora de sua identidade. Por isso mesmo, o trabalho educativo com subculturas juvenis, migrantes, índios e outras minorias tem oscilado entre: levar essa "clientela" a integrar-se na "normalidade" social e na língua da maioria e, segundo visão pluralista, levá-la a reconhecer o seu direito de ser diferente e incentivá-la a manter seus próprios valores. Seja como for, porém, o sucesso dessas estratégias depende principalmente de apoiar ou não o desenvolvimento das competências comunicativo-verbais dos interessados.

Outro exemplo é a construção da personalidade da criança, construção que passa necessariamente por sua familiarização com a linguagem. E linguagem aqui deve ser tomada em sentido amplo, ou seja, incluindo desde o modo de expressão não verbal até o aperfeiçoamento da verbalização do pensamento. Já quando de sua primeira relação com os pais, o neném experimenta obscuramente o *logos* que se oculta na língua e sente, introjetando-a, a "ordem" em que se insere. Suas primeiras conversas não verbais permitem-lhe desde logo experimentar reações sociais tais como reconhecimento ou desrespeito, confiança ou desconfiança, amor ou recusa. Destarte, os primeiros impulsos infantis preparam, de modo ainda rudimentar, a experiência da função construtiva da linguagem. É, por isso, essencial para a criança o chegar a perceber e costurar, o mais cedo possível, a relação com seu ambiente social mediante a articulação adequada de suas necessidades. É essa capacidade que define o sucesso de sua inserção posterior nos diversos ambientes sociais, seja a família, seja o jardim de infância, seja mais tarde a escola, o *peer-group* e, já adulto, a vida profissional. Segundo a tese gadameriana de que a língua é o horizonte existencial do ser humano, não há nada mais importante do que dar à criança, desde cedo, a oportunidade de mergulhar e viver nela.

Pelo menos três consequências com caráter eminentemente pedagógico devem ser deduzidas dessas observações. A primeira é a necessidade de usar, o mais cedo possível, a fala racional na relação com a criança, a saber, já no estágio em que ela ainda não consegue expressar-se verbalmente. Isso significa também restringir ou até evitar o uso do linguajar infantil em sua tendência regressiva, que poderia reforçar essa postura. Tal estratégia serve de impulso à aceitação, pela criança, da linguagem como meio primordial de expressão e organização de sua vida e seu estar no mundo. A segunda consequência consiste em buscar responder, sempre que possível, às repetidas perguntas feitas pela criança, muitas vezes cansativas, pelo porquê das coisas. O porquê corresponde à razão de ser de um fato ou de uma experiência feita. Desse modo, cada resposta a uma pergunta ajuda a criança a descobrir e questionar o *logos* da ordem, na qual mergulha e onde pode integrar o vivido. A terceira consequência é o entrosamento na língua que decide, em grande parte, acerca da rede social a construir e onde se integrar, seja lá por quem for que nela habite. É na linguagem que o jovem se experimenta como ser social. É nela que está em jogo a sua sociabilidade.

Uma vez aceitas essas consequências, o cuidado com a função existencial da língua impõe-se como preocupação pedagógica essencial. Ela deve ser tomada a sério desde a vida em família até o fim da formação escolar. Trata-se de uma preocupação necessária para evitar sérios prejuízos no desenvolvimento da competência social dos jovens.

Concluo com uma última observação aparentemente periférica mas típica para o contexto abordado. Os raciocínios em favor da (re)valorização pedagógica da linguagem ajudam também a reagir a uma irritação frequentemente discutida no sistema educacional. Refiro-me às críticas lançadas contra o critério de competência linguística na avaliação de candidatos a vagas de estudos ou de trabalho profissional. Concordo em que esse critério deva ser tomado como natural para toda e qualquer área de atuação humana, porque todas têm caráter e implicações sociais. Não poucas, porém, são as vozes que consideram o uso de tal critério um abuso quando se trata, por exemplo, do acesso ao estudo de engenharia, matemática e física ou do trabalho numa área profissional meramente técnica. Tendo-se, contudo, em conta o que foi dito, tais críticas não cabem. O argumento em favor do critério de competência linguística é simples e deve prevalecer: seu uso legitima-se mediante a função da linguagem de trazer à tona o *logos* da ordem, na qual a pessoa terá de se entrosar. Nem o trabalhador braçal, nem o médico, o engenheiro ou a enfermeira escapam ao jogo de linguagem que determina o campo profissional em que atuam. A pessoa precisa se entregar à força organizadora da língua como à "casa na qual se convive" para conseguir se movimentar nela; poia nela a língua é o sinal da pertença de alguém a uma coletividade específica. Por conseguinte, a sensibilização dos jovens para o papel construtivo e existencial da língua quando de sua inserção nos contextos sociais, deve ser vista como um dos objetivos preeminentes de qualquer processo de formação. Assim, a iniciativa de suspender a redação de um texto, exigida até aí como critério de avaliação de competência da pessoa para uma área qualquer de trabalho em que quisesse ingressar, não é, de modo algum, legitimável.

Além do reconhecimento da função existencial da língua – de acordo com o dito de Aristóteles de que o homem é o ser vivo que tem *logos* –, outro aspecto não menos importante para a pedagogia é o fato de que a língua ou, mais precisamente, os conceitos acumulam uma vida e uma história próprias. Esse fato é comprovado, por exemplo, quando do trabalho com um dicionário da língua materna ou estrangeira; trabalho que pode se tornar uma aventuresca viagem através de várias regiões de sentido e épocas históricas. Já falei nisso antes, mas trago aqui três experiências interessantes. Falando-se acerca da 'indiferença' de uma pessoa, pensa-se normalmente em sua postura desmerecedora em relação a algo ou seu não atentar a certa coisa ou assunto. Esquece-se aí, porém, o sentido originário dessa palavra, segundo o qual não se trata de menosprezar algo, senão de imprimir "peso igual" a um fazer, um objeto ou assunto em relação a um outro qualquer. O termo alemão "indiferença" – *Gleichgültigkeit* – deixa isso ainda mais claro, pois ele significa literalmente ter "igual validade". Acontece o mesmo em relação ao conceito "interesse"; perde-se em geral de vista sua conotação de "inter-esse" ou de "estar no meio", isto é, dentro do assunto em questão. Ou há ainda o predicado "condenado", que pode significar, dependendo do contexto, ser judicialmente julgado, socialmente banido, medicinalmente desenganado ou, em termos religiosos, excomungado.

Mais uma fonte de riqueza de sentidos encontra-se na história, devido à acumulação de conotações do uso de uma palavra, sedimentadas no decurso do tempo. Essa experiência salta aos olhos não apenas nas ciências humanas e sociais, senão também em relação a conceitos básicos das ciências naturais. Lembro apenas o fato de que, ao longo de diferentes épocas, seus conceitos principais de "força", "matéria" ou "energia" tomaram significados às vezes até opostos. O conceito de força, por exemplo, traz consigo consequências radicalmente diferentes quando visto pelo viés da antiga teoria do impulso, que atribui aos corpos uma força interna a eles, ou quando se baseia na concepção de que a força nasce da relação entre os corpos. Algo semelhante vale para os demais conceitos mencionados. Não há univocidade de sentido, e o desenvolvimento das ciências espelha esse fato. A riqueza de sentidos de uma palavra resulta da dinâmica da língua, que não é mero objeto manejável, senão a voz que expressa algo de sua própria história e à qual o ouvinte deve se entregar. É impossível antecipar o que ela diz; menos ainda, dominá-la.

Ao levarmos a experiência da história e da dinâmica próprias à língua para o campo pedagógico, será necessário reconhecer também que ela é o meio em que se conservam as diversas experiências individuais e coletivas das pessoas envolvidas. Bem entendido, terá de se contar com o fato de que a língua abriga elementos importantes das biografias individuais, do ambiente social ou das matrizes institucionais em que as pessoas se encontram. É comum falar do "estilo" de um autor, da linguagem cotidiana ou do "jargão" de determinado ambiente profissional, institucional e burocrático. A mesma palavra usada em ambientes sociais diferentes pode assumir conotações e valores morais diferentes, dependendo dos hábitos locais. Um apelido tido como injúria num determinado contexto social e julgado assim pelo juiz pode ser considerado agrado em outras circunstâncias sociais.

Vista assim, a língua é fonte inesgotável dos mais diversos significados e convicções. Não deve surpreender, portanto, que ela corra o risco de transformar-se também em fonte de dificuldades pedagógicas típicas. Experiências na sala de aula ou em qualquer discussão dão prova disso. Acontece, por exemplo, de a contribuição de um aluno ou participante de uma discussão dar a impressão de estar deslocada e de não fechar com o tema abordado. Como reagir a tal situação? A reação mais cômoda consiste em desqualificar sua colocação como inapropriada e sem sentido no contexto temático do debate. Além de denunciar a pretensão de superioridade do professor, essa reação desqualifica o aluno. Sentindo-se desrespeitado, ele não raro prefere se retirar da cena. E o professor perde a chance de extrair de sua fala, por mais confusa que seja, um possível sentido que – mesmo que não intencionado na fala do aluno – daria ao debate um rumo inesperado e surpreendentemente produtivo. Por outro lado, conhece-se o outro extremo, caraterizado pela tentativa do professor de extrair um sentido qualquer de alguma observação do aluno, mesmo que completamente aberrante. Todo exagero nessa "extração" artificial de sentido é igualmente impróprio, pois ele pode redundar até mesmo em tornar o aluno ridículo frente aos demais participantes. Com efeito, uma das competências pedagógicas mais valiosas consiste em conseguir construir uma ponte real entre a contribuição deslocada e o tema discutido; pois ela explora e faz uso da riqueza de sentidos acumulados e ocultos na língua e nos conceitos.

Outra experiência de formação, que se apoia nessa riqueza da língua, é típica para o ensino de idiomas estrangeiros. Seu objetivo é, antes de tudo, levar a pessoa a expressar-se e comunicar-se no outro idioma. No entanto, aprender uma língua estrangeira não se limita à transferência correta de palavras conhecidas desde o berço para um novo espaço linguístico, movendo-se nele com desembaraço. Pois, nesse mesmo esforço, descobre-se também a riqueza antes não percebida da língua materna. De fato, a busca do significado de um conceito em outro idioma pode fazer com que, na língua materna, o conceito revele um sentido perdido ou tornado inconsciente ao longo de seu uso. A discussão que uma pessoa pode entabular com um estrangeiro sobre a tradução "correta" de uma palavra de sua própria língua é um caso típico; é ao longo dessa discussão que a pessoa descobre o sentido perdido da palavra na sua língua materna. Lembre-se, por exemplo, a palavra "incorporar". Em seu uso cotidiano bem poucos têm presente que essa palavra traz em si a bela imagem de um corpo, no qual algo diferente se oculta. Esclarecedora é também a descoberta da conotação originária da palavra "desenvolvimento", que indica o movimento de trazer à luz algo que, "envolvido", "embrulhado" aguarda, no escuro, o mostrar-se. O mesmo ocorre com a palavra "desdobramento" que, com sua referência à 'dobra', contém sentido imagístico semelhante. Essas imagens contidas nas palavras são em geral apagadas no uso habitual da língua, mas sobem à tona quando se trata de transportá-las a outra língua. É a língua mãe que se enriquece nesse movimento e brilha, estranha, ao tradutor.

A tese de história e vida próprias à língua, defendida pela hermenêutica filosófica, reforça os argumentos em favor do cuidado com a língua como meio limite dos processos pedagógicos. Mas não só isso. A riqueza de sentido nunca se revela somente no dito. A fala sempre carrega consigo sentidos e conotações implícitos, que ficam na clandestinidade, ou seja, por trás do dito. Os gregos falaram da *hiponoia*, isto é, do sentido oculto. Pergunta-se, portanto, como chegar a esse "algo não dito quando se diz algo". A pergunta importa sobretudo em relação a considerações metodológicas, das quais a pedagogia ou, mais precisamente, as pesquisas na pedagogia tiram cada vez mais proveito. Seria importante levá-las também para dentro da práxis educativa. Explico.

Quem acompanha as pesquisas na área da pedagogia já percebeu, por certo, o amplo leque dos métodos de investigação que invadiu recentemente esse campo. A história oral, a análise de biografias ou a entrevista narrativa ganham cada vez mais interesse e espaço nas investigações vinculadas à área da educação. Esses procedimentos tentam dar conta da educação como campo de atuação caraterizado por sua pertença à esfera social e comunicativa. E sua marca comum é, como veremos, a abordagem hermenêutica.

No que se refere à história oral, a própria denominação já dá a entender a origem de seu método na historiografia. Sem recapitular o debate, basta lembrar que a história oral rompe com a visão meramente objetivista da historiografia. Durante muito tempo, essa visão objetivista aceitava só os fatos considerados objetivos – provas petrificadas, documentos ou datas históricas – como base confiável para a legitimação científica dos resultados por ela elaborados. E foi para argumentar contra esse reducionismo metodológico que se passou a apostar no potencial expressivo, contido, ainda que de modo encoberto, em outras manifestações do saber humano. Esta é precisamente a aposta feita pela história oral. Ela explora o material recolhido nas conversas pessoais, na literatura ou em obras de artes plásticas, utilizando-o como fonte de conhecimento histórico. Na verdade, essas fontes não são "fatos" objetivos em sentido estrito. Trata-se antes de linguagens específicas, que exigem também modos específicos de interpretação. Somente a elaboração de métodos interpretativos que levem em conta a especificidade desse material abre caminho à exploração, por exemplo, de romances históricos ou pinturas de séculos passados, de modo a transformar esse material na base suficiente e abundante à descoberta de aspectos importantes da história. Um acesso, porém, sempre veementemente recusado pela historiografia tradicional sob a alegação de falta de objetividade científica.

A segunda opção metodológica, deduzida à vida e à história próprias da língua é o uso crescente da análise de biografias na pesquisa pedagógica. A valorização desse modelo deve-se à possibilidade de reconstruir a tensão entre a vida passada e a narrativa da pessoa que a viveu. A análise interpretativa da narração é muito rica, porque revela não somente fatos históricos mas também o modo como a pessoa conseguiu assimilar as experiências do passado no presente. Ela ajuda a esclarecer, entre outros, motivos e distorções ocultos que influenciam um comportamento de difícil explicação.

Sem dúvida, para compreender a postura de um aluno, para avaliar a atuação do educador frente aos alunos, para evitar o manejo errado dos conflitos ou para escolher o caminho profissional mais adequado é importante conhecer os aspectos que influenciam na construção da postura e da autoestima das pessoas envolvidas e no relacionamento social entre elas, que daí resulta.

Farei agora algumas observações quanto à pesquisa qualitativa e sua função no campo educativo. Comparada às pesquisas quantitativas baseadas no levantamento de dados empíricos diretamente acessíveis, a abordagem qualitativa procura revelar o que se esconde sob a superfície fenomenal. E o faz mediante uma técnica diferenciada de interpretação do material recebido na entrevista. Em processo reconstrutivo altamente sofisticado – sob a etiqueta de "hermenêutica objetiva" – encontram-se, entre outros, indícios referentes à consistência, a possíveis incompatibilidades e a aspectos recalcados na fala do entrevistado. Em vez de chegar a conclusões generalizáveis, objetivo da pesquisa quantitativa, a pesquisa qualitativa pretende chegar a uma imagem diferenciada de seu campo de pesquisa. Ela busca evitar o risco de nivelar o que é, na verdade, altamente complexo e diferenciado. No que tange ao uso da avaliação qualitativa no campo pedagógico é evidente que esse tipo de abordagem serve para adequar o trabalho educativo às circunstâncias concretas dos indivíduos envolvidos. A pesquisa qualitativa respeita as peculiaridades individuais das pessoas em jogo. Entretanto, não que se deveria com isso desvalorizar os resultados de pesquisas quantitativas. Ainda assim, na medida em que a educação opte por promover, antes de tudo, a formação do indivíduo conforme o potencial nele adormecido, a abordagem qualitativa é mais apropriada, uma vez que o potencial individual constrói-se ao longo das experiências realizadas e revela-se no modo como essas experiências são interpretadas.

Diante da dinâmica da tecnologia de informação que permeia o dia a dia da sociedade, não é tarefa fácil dar espaço e voz aos argumentos que, nas trilhas da hermenêutica gadameriana, insistem na importância de explorar a riqueza de sentidos ocultos na língua. Exemplo negativo e paradigmático a esse respeito é o debate sobre o modo de avaliação de conhecimentos mediante o procedimento de tipo "escolha múltipla". Com as alternativas de respostas prefiguradas em um questionário, a correção da resposta depende única e exclusivamente da justaposição de uma das variáveis à respectiva questão. Não há nem a possibilidade de duvidar do sentido da pergunta, menos ainda a chance de fazer diferenciações nas respostas. O candidato vê-se preso em um sistema de coordenadas de sentido do qual não consegue fugir. Sua capacidade de reflexão pouco interessa. Num certo sentido, o procedimento confirma a tese do "homem unidimensional" moderno, lançada por H. Marcuse nos anos 1960; essa crítica resultou daquele mesmo reducionismo, cujas consequências observamos hoje na língua, pois tal procedimento negligencia sua função central como meio da reflexão. E cabe à pedagogia relembrar e recuperar essa função negligenciada na práxis educativa.

A recuperação do diálogo vivo

Qualquer que seja o processo educativo, seu caráter é eminentemente social. Desde a relação entre pais e filhos até o ensino institucionalizado na escola ou universidade, o indivíduo coopera com outros indivíduos. Daí nasce o que os gregos chamaram o "eros pedagógico". Este aponta para a tensão produtiva – também destrutiva, em tese – entre os parceiros das relações estabelecidas. Trata-se, no "eros pedagógico", dos experimentos sociais resultantes dessas relações. Se tomamos essa constatação a sério, cabe ao espaço pedagógico investir em oportunidades para tais experimentos. Vimos antes que, na visão de Gadamer, o diálogo vivo destaca-se como o espaço por excelência da experiência social, por conter estruturas análogas àquelas do jogo. Para entendermos esse nexo, relembrarei, em poucas pinceladas, a função pedagógica do jogo.

Por que valorizar o jogo como algo tão importante na educação? A resposta fica mais fácil quando observamos crianças brincando. Elas estabelecem regras, criam o espaço de brincadeira e desligam-se, assim, das restrições vigentes de seu dia a dia. O jogo cria uma realidade social própria, onde se veem suspensas as regras do mundo dos adultos. Graças a essa situação "extraordinária", isto é, fora da ordem geral, as crianças têm plena liberdade de experimentar seu potencial criativo e construir um espaço social só seu. Brincar significa explorar as próprias habilidades e aprender os mais diversos modos de convívio. Tem-se aí a experiência de uma autonomia, cuja condição essencial é a falta de consequências ameaçadoras, por exemplo, de punições. Desde que respeitadas as regras do jogo, nenhum jogador corre o risco de ser censurado ou de sofrer sanções devido a um comportamento incomum. Ao contrário, o jogo permite a interação comunicativa e o entrosamento social sem causar medo. Brincar significa agir sob condições autodeterminadas no espaço social. Esse diagnóstico se confirma pelos sucessos da assim chamada "ludoterapia", isto é, do uso do jogo como meio terapêutico para crianças com problemas comportamentais. A ludoterapia oferece à criança espaço e oportunidades para experimentar a si mesma sem as exigências normativas impostas pela ordem cotidiana. Em vez de ficar amarrada a regras alheias a ela, a criança pode agir e reagir segundo seus desejos e seu potencial criativo em geral reprimido ou socialmente censurado. Desse modo, o jogo é uma opção imprescindível a toda aprendizagem social. Essa constatação leva à tese de que os educadores não se deveriam preocupar apenas, ou em primeira linha, com a inserção das crianças nas normas e regras do respectivo *status quo* social, senão, antes, com a tarefa de lhes dar a oportunidade de serem tomadas a sério na sua fantasia e de detectar os mais diversos modos de adquirir e espelhar seu saber e suas relações com o ambiente social.

Lembrada assim a função educativa do jogo, chegamos ao ponto de entender melhor o porquê da importância do diálogo vivo como meio da aprendizagem social. Porém, antes de abordar mais detalhadamente este aspecto, quero fazer uma ressalva: nem todos os modos de comunicação verbal representam o que se pode chamar, segundo Gadamer, um diálogo verdadeiro. Muito pelo contrário, a fim de identificar o ideal do diálogo vivo e destacar os critérios que atribuem a ele função pedagógica de tal importância, passo a denunciar alguns tipos de diálogo deficientes.

No já citado esboço sob o título eloquente *A incapacidade para o diálogo*, Gadamer fala sobre experiências de comunicação verbal que não cumprem as exigências do diálogo considerado por ele verdadeiro. Exemplificando, ele aponta o interrogatório jurídico, a conversação terapêutica e a negociação entre comerciantes como modos diversos e não verdadeiros de dialogar. Uma das causas mais importantes para essa sua exclusão do ideal de um "verdadeiro diálogo" é o fato de esses tipos de conversação servirem apenas para alcançar resultados premeditados. Neles cada interlocutor já sabe aonde quer chegar e qual resultado que interessa. No caso do interrogatório trata-se de obter informações para comprovar uma suspeita já existente; aquilo que não sustentar a suspeita será negligenciado e cairá fora da atenção do interrogador. É o que se mostra no termo alemão "Verhör", que indica, no prefixo "ver", um "desvio", no qual o interrogador manipula as informações selecionando o que deseja ouvir. Na conversação terapêutica, o terapeuta intenta levar o cliente a reconhecer sua situação, a fim de torná-lo capaz de pegar outra vez sua própria vida nas mãos. Alcançar ou não esse objetivo é o critério decisivo do sucesso do tratamento. Por fim, os comerciantes buscam, mediante a negociação, a maior concordância possível do acordo com os seus interesses; sem resultado satisfatório, o contrato não será fechado. Em princípio – eis a segunda caraterística – esses tipos de comunicação sofrem de uma assimetria, aberta ou oculta, na relação entre os interlocutores. Cada um quer ver sua expectativa satisfeita, tentando submeter o outro a sua estratégia, seja a persuasão, seja a retórica sofística, seja a ameaça de violência ou outras. Terceiro: em vez de os interlocutores abrirem-se uns aos outros, eles limitam de antemão sua atenção ao que lhes serve mais em todo processo. Cada um seleciona, nos conteúdos apresentados pelo outro, o que lhe serve, deixando de lado o que poderia ser nocivo ao seu próprio objetivo.

Contra tais formas deficientes de diálogo, aquele que realmente interessa ao contexto pedagógico é caracterizado por uma relação simétrica entre os interlocutores, que impeça o jogo de poder. O modelo de diálogo, idealizado por Gadamer como fundo mental à experiência hermenêutica, apresenta caraterísticas específicas, entre as quais se destacam: a disposição, por parte dos interlocutores, de entregar-se a um processo social aberto; o reconhecimento mútuo da autonomia dos parceiros; a capacidade de ouvir um ao outro; sua interdependência no sentido de aceitarem que somente juntos chegarão a um resultado construtivo; e a renúncia a quaisquer verdades últimas. Trata-se, sem dúvida, de um ideal ambicioso. Todavia, mesmo sem ser sempre realizável, ele pode servir de critério na avaliação dos diálogos reais. Antes, porém, de submetê-lo ao teste de validade no campo pedagógico, é oportuno revelar as dificuldades gerais de realização desse "tipo ideal" (termo de Max Weber) de diálogo.

É difícil, por certo, entregar-se a um processo social aberto já que põe em risco a base sólida das convicções até então válidas. Por que, mesmo assim, as pessoas aceitam o risco? A resposta é simples: entrar em num diálogo implica sempre um desafio, cujo fulcro se encontra no fato de que algo ou alguém "queira dizer-nos algo". Daí se conclui que a primeira pergunta vem sempre precedida de uma provocação vinda de fora, que nos leva a perguntar. É graças a essa condição inicial de risco que se inicia o perguntar fundador de toda relação comunicativa. Sendo assim, o perguntar faz sempre parte de uma situação comunicativa já em andamento, que delimita o marco temático, dentro do qual a pergunta e, consequentemente, o diálogo se desdobram. Nesse sentido pode-se falar também da primazia da pergunta diante da resposta; e daí sua importância. Não é de admirar que a escolha da primeira pergunta seja uma verdadeira arte, por determinar em muito o sucesso do diálogo. Quem sabe perguntar, dirige o interesse do outro desafiando-o a aceitar ou não a direção sugerida. Em uma palestra, a primeira pergunta feita por um participante na plateia, indica o rumo do debate por vir. De mesmo modo, a provocação do aluno mediante uma pergunta não apenas retórica é um desafio ao professor, e a pergunta dirigida a uma pessoa desconhecida é um tatear em campo obscuro. O diálogo processa-se, de qualquer modo, só na medida em que cada um dos interlocutores aceita o desafio lançado pela pergunta do outro. Cada reação, por sua vez, torna-se novo desafio, de modo que o processo continua sem repouso o seu desdobramento, como no exemplo do jogo de xadrez lembrado no capítulo anterior. É assim que se constrói o espaço do diálogo, ou seja, aquele "entre" os interlocutores, do qual emergem, segundo Gadamer, o entendimento e o saber novos.

Parece óbvio o que se quer dizer quando se exige mútuo respeito entre os parceiros da comunicação. A questão é, no entanto, mais complexa, pois o reconhecimento do outro como interlocutor do diálogo gadameriano significa não apenas querer entender sua opinião. Importa mais ainda refleti-la, ou seja, tomá-la como espelho; pois nele a pessoa é lançada de volta a si mesma e obrigada a reavaliar suas convicções anteriores. O outro ou o interlocutor é o incentivo que nos faz refletir sobre nossa opinião atual. E o refletir, na sua interpretação literal, significa aceitar o outro como o espelho que nos devolve a imagem de nós mesmos. De fato, se quisermos enxergar bem o significado dessa metáfora, teremos de explorar ao máximo a função do outro como espelho. Quanto mais claro o espelho, tanto mais nítida a imagem que conseguiremos de nós. Aceita essa ponderação, que implica tomar a sério e reforçar os argumentos do outro, teremos dado um passo significativo em direção a um melhor entendimento de nós mesmos.

O respeito mútuo entre os interlocutores manifesta-se também pela disposição de ouvir um ao outro. Por mais natural que seja essa observação, ela aponta a um aspecto hoje muito desvalorizado. Refiro-me ao ouvir como meio da experiência. Ao longo da história ocidental houve períodos, nos quais o ouvido era considerado o meio privilegiado de acesso à verdade. Na tradição grega, o oráculo, tal como o "vidente" cego, Terésias, comunicava aos homens a vontade dos deuses; a autorrevelação do Deus judeu-cristão ocorreu em um diálogo com o Moisés, que se viu ofuscado pela sarça ardente, e o Evangelho de São João inicia com a afirmação da palavra divina viva. Desde sempre, o falar e o ouvir complementaram-se condicionando o acesso à verdade.

Visto tradicionalmente como o meio em que a verdade aparece, o diálogo vivo está hoje marginalizado, suplantado que foi pela primazia do ver. O documento, a escrita e a imagem visual dominam nosso dia a dia invadindo também, de modo crescente, a área da educação. No "auditório", uma denominação tradicional vinculada ao ouvido, lugar onde o orador expõe seu pensamento, prevalecem agora as projeções visuais, os *beamers* e os famosos *papers*, convidando à leitura e fazendo da exposição oral algo meramente acessório. Para dar uma ideia do que essa modificação acarreta, vale recordar duas experiências que documentam a qualidade própria do ouvir como fonte originária da compreensão e do saber. Nos anos 1970, um professor de filosofia da Universidade de Heidelberg sofreu cirurgia severa que o impediu de ler por alguns meses. Como se encontrava em fase de elaboração de um livro, ele se angustiava por não conseguir confirmar suas interpretações na leitura do texto original do autor trabalhado. Diante dessa situação impeditiva, eu me dispus a ajudá-lo. Gravei grande parte do texto em questão – a *Ciência da lógica*, de Hegel – e lhe entreguei as fitas. Um ano após, recebi uma carta sua agradecendo; ele contava que o ouvir assim o texto tinha-o levado a alternativas de interpretação sequer afloradas antes, à mera leitura. A entonação, a tonalidade da voz e os intervalos, que não são tão notáveis à leitura direta, tinham-lhe aberto outras possibilidades de interpretação daquela obra, devido ao novo leque de sentidos revelados pelo ouvido à sua compreensão. Essa é uma experiência que se repete, com ainda maior intensidade, à leitura em voz alta de um poema. Certa vez, um grupo de alunos dispôs-se a recitar em gravador, cada um separadamente, o mesmo poema. Ouvindo após as fitas em sala de aula, cada recitação pareceu a todos os participantes ser a leitura de um poema diferente. Experiência semelhante ocorreu em um projeto de pesquisa interdisciplinar, realizado próximo a Porto Alegre. Preocupados com a identificação de problemas ambientais em uma região carbonífera, colegas das ciências naturais fizeram levantamentos abrangentes dos dados geofísicos do território investigado. Ao longo do trabalho, descobriram-se fortes indícios da presença de substâncias tóxicas no solo, na água, no ar e na vegetação. O resultado foi o mapa detalhado de uma situação ambiental muito precária como "texto" descritivo da região. Contudo, por mais preciso que fosse o panorama desenhado a partir daqueles dados objetivos, eles não conseguiam reconstruir as causas que o explicassem. O instrumentário analítico utilizado mostrava-se limitado na sua capacidade interpretativa dos dados; as cadeias existentes entre os dados disponíveis não revelavam o porquê daquela situação lamentável. Após longas conversas, por vezes acirradas, entre os pesquisadores das diversas áreas, os sociólogos e as antropólogas que faziam parte do projeto decidiram aplicar, além do procedimento empírico-analítico, uma investigação histórico-interpretativa, baseada em diálogos travados com os habitantes da região. O procedimento era ouvir o que a população tinha a contar, levando-a a narrar suas experiências de vida na região ao longo das últimas décadas. O resultado foi surpreendente. O diálogo entabulado com os velhos moradores e as conversas com administradores, políticos e diversos profissionais levaram à perturbadora recuperação de uma história de bárbara espoliação regional, uma história cheia de "pecados" ambientais. Foram lembrados, sobretudo por moradores idosos, a existência de depósitos clandestinos de cinzas e outros dejetos, e a imissão de materiais altamente tóxicos no solo e na água. Eles mesmos conseguiram, desse modo, reapropriar-se de sua região, cujo passado doloroso havia sido até aí recalcado. Conseguiram, na verdade, conhecer um pouco mais a si mesmos em relação a essa história. Mas seja. A partir dessas narrativas, os pesquisadores encontraram, por sua vez, indícios e pistas valiosos acerca da exploração econômica do solo e dos maus-tratos das águas e do ar. A população recalcara e esquecera os efeitos nocivos para eximir-se da responsabilidade pelo que fora feito de malsão na região ao longo de décadas e sob seu olhar conivente. Como se vê, o diálogo vivo com os moradores tornou-se a fonte de um saber reprimido e culposo, levando finalmente os pesquisadores a extrair o cenário ocultado no mapa da superfície levantada e a detectar as verdadeiras causas demasiado humanas da deterioração ambiental.

Hoje a recuperação do ouvido como meio de aprendizagem não encontra muito interesse. Em sala de aula, o diálogo vivo não tem conjuntura, porque exige a disposição de atentar ao outro, sobretudo de ouvi-lo. As consequências são lamentáveis, pois o desprezo do ouvido "salva" os alunos da obrigação de acompanhar o pensamento "em progresso" do educador, com todos os seus desvios e suas dificuldades de encontrar a palavra certa. Pior ainda, a busca às vezes infrutífera do professor pelas palavras certas, no intuito de expressar com justeza o que pensa, é interpretada muito mais como desamparo e incapacidade intelectual do que como esforço honesto de tornar mais claro o sentido do que quer dizer. Para o aluno, nesse caso, é a perfeição dos resultados que conta, não o processo de sua elaboração. Não surpreende, portanto, a dificuldade crescente que tem em elaborar e redigir o relato de uma argumentação ou penetrar a lógica inerente a um texto, uma fala ou uma peça musical ouvida.

A tendência atual de fazer prevalecer o resultado perfeito de uma argumentação em detrimento do processo de sua elaboração mostra-se também naquela exigência 'científica' de que o aluno ou o professor defina, antes de toda reflexão, os conceitos a serem usados. Essa é uma postura perigosa, porque, com tal definição, corre-se o risco de petrificar o diálogo cortando o acesso à *hiponoia* da fala. O caminho das ciências modernas vai "da palavra ao conceito" e na *hiponoia* trata-se de resistir a essa via, que congela os sentidos em um invólucro abstrato; nela se trata de reconquistar a vivacidade da palavra falada, tal como emerge no diálogo. Gadamer insistiu acerca disso ao longo de toda a sua trajetória como hermeneuta. Foi a isso que se voltou, por exemplo, no escrito de 1986, intitulado *Sobre mestres e aprendizes*. Eu cito: "Nós todos compomos a audiência, nós precisamos aprender a ouvir sobre um caminho e sobre o outro. Nós todos precisamos constantemente lançar-nos contra a parcialidade peculiar ao nosso eu, uma parcialidade na qual a vontade própria e a compulsão à validade procuram captar para si aquele impulso intelectual" (1986, HeR, p. 347).

Ao que tudo indica, o diálogo vivo, que nos interessa no âmbito da pedagogia, impõe uma lógica reflexiva que pode ser surpreendente. É a linguagem cotidiana que nos consegue dar a esse respeito uma série de pistas reveladoras. Menciono apenas três delas. Acontece por vezes que, mesmo sem chegar a um consenso final, os interlocutores de um debate sintam-se satisfeitos, expressando sua satisfação através de formulações tais como: "Que bela discussão! Deu-me muito a pensar", ou "os argumentos me convenceram!", embora não se tenha certeza quanto às consequências plenas do debate. Também a experiência negativa, ainda que com o mesmo impulso reflexivo, pode ocorrer quando de um diálogo que não alcançou os resultados esperados e leva à reação de um dos oponentes: "Bolas, não dá para conversar contigo!" Quem assim fala estará jogando no outro toda a responsabilidade pelo fracasso da discussão, liberando-se, assim, de atentar criticamente para a própria postura. Seja como for, em ambos os casos é a estrutura reflexiva intrínseca a um diálogo verdadeiramente aberto que transparece, e é ela que possibilita o olhar crítico, capaz de colocar continuamente em xeque os preconceitos e as convicções que, na opinião dos interlocutores, pareciam até aí tão claros e bem fundamentados.

Tendo isso em vista, entende-se outro momento importante desse ideal de um diálogo, de que fala a experiência hermenêutica. É que sua verdade vem à tona sempre só através de seu caráter processual, na constante virada e revirada de argumentos ou na ponderação contínua acerca da legitimação dos raciocínios. Tal como ocorre na interpretação de um texto que nunca chega a um sentido último ou "autêntico", os interlocutores do diálogo verdadeiro não passam de intérpretes em busca de um sentido possível e por isso mesmo sempre provisório. Não se trata aqui de alcançar uma verdade qualquer definitiva. Não há como chegar a ela. Pelo contrário, cada um dos envolvidos na conversação tem consciência da fragilidade dos resultados alcançados. Os parceiros desse ideal de um diálogo – e eis aqui o seu momento talvez mais distintivo – constroem um espaço intermediário (*ein Zwischen*, nas palavras de Gadamer), do qual emerge o novo sentido, para cuja articulação eles contribuem igualmente. À base de uma postura que pressupõe o respeito mútuo e a seriedade das ponderações, é o vaivém de argumentos que possibilita a aprendizagem do novo. E isso é algo que nenhum dos parceiros pode prever de antemão. Exige-se, portanto, a paciência de ouvir e ponderar, deixando de lado a doutrinação.

A diferenciação acima referida dos tipos de diálogos e a proposta de um ideal de diálogo pela hermenêutica filosófica ajuda a identificar a função a atribuir ao diálogo pedagógico bem-sucedido. "Na situação do professor há (contudo) uma dificuldade particular, à qual a maioria sucumbe quando quer assegurar sua capacidade para o diálogo. Quem ensina pensa ser necessário falar, por ter a licença de falar; e quanto mais consistente e conclusiva se apresenta sua fala, tanto mais ele acredita comunicar sua doutrina". O que Gadamer registra no seu texto sobre *A incapacidade para o diálogo* é um fenômeno comum em sala de aula. Sua crítica dirige-se contra a postura dominadora do professor que, mesmo defendendo alguma forma participativa de aprendizagem, inadvertidamente trata os alunos como se fossem súditos. Essa postura é infelizmente compreensível, pois dominar o processo de aprendizagem é alcançar uma posição de vantagem muito satisfatória, com a qual o professor pode esquivar-se enquanto aquele que "sabe", às perguntas e dúvidas dos alunos. É muito mais fácil dominar dirigindo o processo, do que ser obrigado a reagir às contestações e intervenções imprevisíveis. Pois aí será sempre a soberania do educador que estará em jogo. Esse, aliás, é um dos motivos que dificulta também a cooperação entre os professores na sala de aula. Sabe-se que, ao contrário que parece, a cooperação entre colegas no ensino e na pesquisa é bem mais trabalhosa e até extenuante do que o dar aulas ou realizar um projeto sozinho. O risco de ter a própria opinião contestada com argumentos fortes frente aos alunos exige não apenas um maior preparo, senão também a disposição de ver-se questionado em público nas próprias convicções. Uma expectativa que afeta também a vaidade pessoal e impede a cooperação. Eis um dos motivos principais que dificultam a cooperação e troca inter- ou multidisciplinares.

Como se vê, a busca do ideal de um diálogo traz consigo grandes desafios. E as dificuldades aumentam ainda mais, em função de tendências adversas no atual cenário pedagógico, pois o modelo proposto por Gadamer bota o dedo em mais uma ferida enraizada na práxis pedagógica. Falo acima de tudo no (ab)uso da autoridade. O problema não se coloca apenas na sala de aula. Ele está presente em todas as fases da educação, desde os primeiros passos da criança na família até a formação profissional. E aí vem a surpresa! O aspecto provocador da argumentação gadameriana está na tese de que a disposição de dialogar e o modo de uso da autoridade condicionam-se mutuamente. Para legitimar essa tese, é necessário diferenciar a autoridade falsa e da verdadeira. "Certamente," escreve Gadamer, "autoridade é antes atributo da pessoa. No entanto, a autoridade das pessoas não encontra seu fundo num ato de submissão e na abdicação da razão, senão num ato de reconhecimento e de conhecimento – a saber, da percepção de que o outro é superior no seu juízo e saber, e que por isso seu juízo prevalece..." (VM, 2ª parte, II, 1 b). O filósofo chama atenção também para o vínculo necessário da autoridade com o reconhecimento do outro enquanto ser racional. É, de fato, mais cômodo recorrer à hierarquia institucional ou à força para impor a autoridade e fazê-la valer, do que expor-se a críticas e à necessidade de rebatê-las com bons argumentos. Há, no meio pedagógico, modos de agir aparentemente elegantes, mas na verdade infames: finge-se, por exemplo, a disposição de dialogar só para, a seguir, representar a comédia da autoridade pessoal. Pode-se falar aqui, com H. Marcuse, acerca de uma "tolerância repressiva", frequentemente praticada por educadores que se consideram progressistas. Segundo o entendimento gadameriano do diálogo, a autoridade objetiva nunca recorre à legitimação institucional ou à força; ela se apoia no reconhecimento de argumentos racionalmente legitimados e por isso convincentes. Visto sob esse ângulo, a autoridade reivindicada pelo pai em relação ao filho, pelo educador em relação ao aluno, pelo líder no grupo de adolescentes ou pelo chefe no campo profissional só será reconhecida se apoiada em razões bem fundamentadas. O que se defende é, portanto, o uso da autoridade em circunstâncias que a exijam; ela não é, de modo algum, algo desprezível. Não se trata de um conceito principalmente *non grato*; muito pelo contrário, o bom uso da autoridade é uma das condições de garantia do ser convincente nos resultados do diálogo. Pode-se concluir que o diálogo inverossímil baseia-se em uma falsa autoridade, porque não fundamentada em termos racionais, e também que a imposição de uma falsa autoridade serve apenas para fugir ao diálogo verdadeiro. Fazer reconhecer a autoridade objetiva como ingrediente do diálogo verdadeiro é, portanto, tarefa central na práxis pedagógica. Isso significa ademais que os educadores precisam ter muita cautela no uso do poder sugestivo de qualquer autoridade institucionalmente ancorada.

O desprezo pelo diálogo vivo no cenário atual da educação tem ganhado ultimamente ainda mais adeptos mediante uma recente e muito perigosa inovação; a saber, aquela da dita "educação a distância". Devido a várias causas, em grande parte desvinculadas de raciocínios pedagógicos, entre outras, a escassez de recursos financeiros, o aumento do número de estudantes e a necessidade da formação suplementar, o crescimento de ofertas pedagógicas a distância é espantoso. Não que se queira negar sua importância. Essas ofertas contribuem, de fato, para a abertura do sistema educativo às camadas novas da sociedade. Todavia, é necessário alertar que essa forma organizacional do ensino perde de vista o caráter essencialmente social e comunicativo da educação. Volto a falar no "eros pedagógico", mediante o qual os gregos qualificavam o campo pedagógico como campo relevante de experiências sociais; é por meio dele que os parceiros constroem uma relação não redutível a critérios meramente objetivos. Muito pelo contrário, além de conhecer conteúdos novos, o "eros pedagógico" permite ao aluno tomar posição diante de seu outro, trabalhar os sucessos e os conflitos daí originados e experimentar como desafio impulsionador o ambiente social encenado nas aulas e no ambiente de estudos em geral. É precisamente essa caraterística, essencial ao processo pedagógico, que se vê desconsiderada no ensino a distância. O convívio entre educadores e alunos, reduzido à troca de informações, faz prevalecer a instrução objetiva, isto é, a aprendizagem de conteúdos materiais obturando, assim, o aprendizado como espaço experimental de socialização. A defesa gadameriana da (re)valorização do diálogo vivo no ensino visa recuperar, em especial, esse seu lado, digamos, erótico-social. As concepções do ensino a distância hoje praticadas – a não ser talvez algumas por meios televisivos e, mesmo assim, só se não atentarmos para a óbvia artificialidade do "contato" encenado – estão ainda muito longe de fazer justiça a esse fim.

Destacando o papel da linguagem e do diálogo vivo como base da experiência existencial do homem, surge ainda mais um aspecto que exige o respeito da práxis pedagógica. O saber criado ao longo do diálogo verdadeiro é, como visto, um saber apenas provisório, logo um saber que não contém verdades últimas, tendo de expor-se sempre de novo às condições concretas da práxis. A fonte desse saber é o campo de atuação concreto, com seus desafios e variáveis em transformação contínua. Trata-se, nele, do saber prático da *phrónesis*. Eu explico. Não basta ser bem formado para corresponder aos desafios profissionais. Por melhor que seja essa formação em termos técnico-materiais, ela é insuficiente. Sua correção mediante a experiência prática é essencial, porque torna o profissional capaz de manejar as situações e nelas intervir solucionando problemas sociais nem sempre previsíveis. A formação técnico-material tem em vista a "normalidade" objetiva do campo de atuação, providenciando o instrumentário que dela dê conta. Na área social, entretanto, cada situação traz consigo caraterísticas específicas, exigindo das pessoas que estejam preparadas a reagir diante de circunstâncias objetivamente muito diversas, nas quais não é possível a aplicação direta de regras e técnicas meramente abstratas. Na área social, o profissional capaz saberá submeter as normas à realidade, ao passo que, no caso de grande parte do trabalho experimental das ciências naturais, ele, ao contrário, adequará a realidade às normas. Mas o trabalho educativo não é um campo experimental neste sentido; e não deve, por isso, nem pode renunciar ao saber prático como base de reação aos desafios concretos. Esse aspecto será tratado na próxima seção.

O saber prático na educação

Sabe-se que técnicas podem ser ensinadas e aprendidas. Comparadas a instrumentos usados para alcançar determinado fim, elas representam um saber cuja aplicação correta não depende da personalidade particular de quem as usa. Seja lá quem for que utilize uma técnica, chegará sempre ao resultado visado desde que siga as instruções e as regras que a regem. Tal como os demais setores profissionais, o trabalho pedagógico não renuncia, na verdade, a tais técnicas e normas. Os currículos, os critérios de avaliação, os procedimentos para solucionar conflitos – eis apenas alguns dos referenciais normativos que regem em larga medida a atuação dos educadores. Não há como desprezá-los; ao contrário, o referencial normativo e técnico oferece uma base firme de orientação. Nenhum trabalho pedagógico, ligado seja à organização da instituição, seja ao processo educativo propriamente dito, pode esquecer tais referenciais. Eles são indispensáveis para a educação. Quem cumpre tarefas organizacionais em uma instituição de ensino terá de respeitar suas regras burocráticas em vigor; o educador tem de dominar diferentes métodos, para poder escolher aquele que melhor condiz com seus objetivos. Para isso, ele precisa tanto de conhecimentos da psicologia da criança quanto da familiaridade com os métodos de incentivo aos interesses dos adolescentes ou com técnicas de intervenção. Toda pesquisa social pressupõe o conhecimento do tipo adequado de procedimento investigativo a aplicar. Os exemplos acima são unívocos: o saber instrumental é condição necessária para o trabalho em qualquer área de conhecimento. Trata-se, nele, de condições necessárias do trabalho pedagógico, ainda que não suficientes. Este o ponto crucial! O que aí falta é exatamente o que se inscreve no conceito da *phrónesis*.

A insistência, com a qual Gadamer defendeu esse aspecto, talvez surpreenda quem está acostumado a confiar na racionalidade das regras e normas legais que definem o campo profissional. Contudo, os motivos da postura gadameriana se evidenciarão mais facilmente a partir do relato de exemplos extraídos a diversas áreas. Quantas vezes ocorre de o jurista com suficiente conhecimento acerca do debate dogmático sobre as teorias veiculadas em sua área mostrar dificuldades na avaliação das circunstâncias concretas de um determinado caso e de subsumi-lo ao tipo legal adequado da legislação? Ou então, o que explica que uma assistente social bastante familiarizada com as teorias políticas sobre a origem das crises sociais tenha problemas quando obrigada a intervir junto a uma família em condições de vulnerabilidade? E qual o motivo que nos leva a falar em um "choque da práxis", no momento em que um profissional recém-formado leva um susto ao perceber a complexidade da vida social de sua clientela? Pois bem, a situação que vive o educador é muito semelhante quando, embora conheça bem os métodos disponíveis de ensino, ainda não tem experiência suficiente para, nas circunstâncias concretas, escolher aquele mais adequado ao seu atual objetivo. De fato, todos esses exemplos têm um cerne em comum, a saber, a falta de experiência. É fácil dizer isso, mas essa constatação esconde um aspecto importante. Quando se aponta assim à falta de experiência, está-se falando acerca de uma caraterística que qualifica os profissionais como pessoas, cuja trajetória é construída à base de experiências práticas. Não se trata, aqui, de aspectos inteiramente objetiváveis; trata-se de um saber acumulado ao longo da biografia profissional, tal como convicções, orientações ético-morais, conhecimentos adquiridos no manejo de problemas concretos, etc. Esses profissionais intervêm no espaço social como pessoas concretas e dentro das limitações de sua percepção e habilidade. Além do recurso às técnicas e normas, a atuação profissional baseia-se em decisões individuais acerca dos meios e do modo adequados de enfrentar os desafios, decisões que sempre recorrem às experiências anteriores. Sirvo-me, como exemplo, da situação difícil de um médico que precisa decidir se deve ou não recomendar um aborto. Imagine-se ainda que ele seja ateu e trabalhe em uma instituição filantrópica da Igreja. Sua convicção pessoal, apoiada na legislação profana, entra em choque não apenas com as diretrizes da instituição religiosa, senão também com a sua própria postura profissional, ganha em anos de formação e experiência pessoal, e que nem sempre concorda com as normas legais. Ao decidir entre essas opções contrárias – prescrever ou não um aborto – esse médico não poderá recorrer a instância superior nenhuma, que o desresponsabilize das consequências de sua decisão. Seja qual for sua decisão, ele sempre desrespeitará um dos referenciais normativos válidos neste ou naquele nível diretivo em que atua. Sua decisão dependerá, em última instância, da postura pessoal, formada ao longo de sua trajetória profissional. Bem semelhante é o dilema do educador quando topa com uma rede de normas incompatíveis. É inevitável que cada profissional leve consigo a carga das orientações experimentadas ao longo de sua socialização. É igualmente inquestionável que a interpretação de suas opções pedagógicas dependerá de diretrizes assimiladas no período de sua formação. E como se isso não bastasse, o procedimento educativo submete-se ademais às normas da instituição em que ele trabalha, as quais não se coadunam com suas próprias convicções individuais e profissionais. Entre sua visão pessoal emancipatória e as regras não só burocráticas da instituição não há nenhuma conciliação. Tampouco é provável que o educador consiga reprimir as diretrizes nele inscritas pela sua própria socialização, ao interpretar as opções pedagógicas disponíveis. O que lhe resta é levar em consideração suas anteriores experiências práticas, de modo a melhor manejar a situação contraditória. Faltando essas experiências, surgirá também nele necessariamente aquele desamparo prático, observado comumente nos profissionais recém-formados, de que falei antes.

Esses exemplos apontam para a importância do saber acumulado pelo profissional através da experiência vivida. Esse saber prático oferece a base a partir da qual ele poderá eleger a reação adequada às situações concretas inesperadas. Não lhe basta confiar no apoio em técnicas e regras; os seus conhecimentos práticos são essenciais à tomada de decisões.

Além disso, já que cada experiência nova atua sobre o saber atual enquanto um teste de sua validade, isso pode levar à necessidade de acrescentar-lhe algo ou mesmo de substituí-lo por outro saber. E assim modificado, esse saber será exposto de novo e sempre ao exame da práxis futura. Eis o núcleo da relação ou, melhor, da interdependência circular de teoria e práxis. A aplicação do saber técnico-científico tem de vir sempre acompanhada do saber flexível da *phrónesis*; é ela que coloca em xeque o saber técnico-científico. Ninguém, na verdade, contesta a necessidade de a práxis profissional ter de ser guiada, fundamentada e legitimada pela teoria. Bem mais difícil é aceitar a tese inversa, de que caberia à práxis pôr continuamente em xeque a teoria. Seria possível objetar, nesse caso, que a experiência prática depende de fatores aleatórios e ocasionais. A questão é saber se seria possível extrair da práxis conhecimentos teóricos com pretensão de validade geral. A hermenêutica filosófica responde a essa questão com um grande "sim". Ela insiste em destacar a *phrónesis* como um saber imprescindível, desde que se trate de qualquer intervenção nos campos sociais, e assim legitima o seu reconhecimento enquanto elemento essencial da educação. As instituições pedagógicas e os educadores têm, segundo ela, de dar amplo espaço a esse saber prático. Essa reivindicação exige que sejam oferecidas aos educandos oportunidades de viver a interconexão entre teoria e prática ao modo de uma experiência protoprofissional. A exigência de uma real integração entre teoria e práxis no campo pedagógico resulta de que, nesse campo, o saber extrai sua dignidade do exame permanente de sua validade atual dentro das circunstâncias concretas do espaço social em que se aplica.

O saber prático não pode ser subestimado. Ele é um dos pilares da formação educacional. É preciso recorrer permanentemente a ele, para corrigir a dinâmica de "cientifização total do mundo" – a expressão é de Gadamer –, com sua obsessão de encontrar princípios últimos do saber; pois isso não incentiva os experimentos sociais. E cabe aos pedagogos a tarefa de elaborar modelos curriculares que permitam essa correção através da prática social. Há, de fato, uma série de currículos que tentam reagir a esse problema. Observa-se com frequência a obrigatoriedade de estágios práticos para os educandos; mas o modelo em que a práxis apenas segue a aprendizagem da teoria não é uma reação adequada. Ao contrário, a ideia de *phrónesis* busca o entrosamento íntimo entre teoria e práxis, que será alcançado unicamente se a práxis realmente acompanhar a teoria; e vice-versa, se a teoria levar a sério a simultaneidade das experiências práticas. É o que indica a pergunta retórica de Gadamer, que escreve: "É a teoria, talvez, mais do que o que parece através da instituição moderna da ciência? E é possível que a práxis seja mais do que a mera aplicação da ciência? A teoria e a práxis veem-se corretamente diferenciadas quando se as considera somente sob o ponto de vista de sua oposição?" (1980, GW, v. 4, p. 42). O alerta é claro. Modificando-se uma fórmula conhecida de I. Kant, daria para dizer que uma educação que legitimasse suas diretrizes única e exclusivamente através dos questionamentos teóricos seria vazia, ao passo que uma educação que apostasse tudo na práxis seria cega. Não existem, é verdade, modelos gerais para garantir o entrosamento entre ambas; mas é tarefa de cada disciplina buscar abrir aos educandos o leque mais amplo possível de caminhos na direção do saber visado pela *phrónesis*. Quem não se lembra dos raciocínios de Wilhelm von Humboldt, quando, no início do século XIX, esse grande estadista e pedagogo fala da educação como a tarefa mais nobre do Estado moderno; e mais, quando, fiel à convicção de I. Kant, ele vê na educação e na política "as artes mais difíceis na condução do Estado". De sua perspectiva, portanto, política e educação estão intimamente vinculadas. É sua a fórmula: "O fim verdadeiro do homem é a formação suprema e mais proporcional possível de suas forças para um todo" (GS I, p. 106). Isso parece natural, mas é preciso considerar que, na sua formação, o indivíduo depende das oportunidades que tenha de desenvolver livremente o seu potencial. Além disso, do ponto de vista da política educativa do Estado, segundo Humboldt, o mais ambicionável seria "algo mais..., a saber, a variedade de situações. Mesmo o homem mais livre e independente, se posto em situações uniformes, forma-se menos" (idem). Segundo ele, portanto, a efetuação do potencial do homem dependeria de suas chances de expor-se à variedade mais ampla possível das condições externas da vida, aprendendo assim a manejá-las. Esse o caminho leva ao saber prático; um caminho cuja possibilitação é tarefa da política educativa do Estado. A liberdade dos indivíduos só se desenvolve quando aliada à oferta das oportunidades de, no meio social, eles fazerem a experiência de seu próprio potencial. Só assim é possível garantir a eles uma formação que mereça esse nome. A metáfora usada por Humboldt diz tudo: o Estado não deve assumir a função do engenheiro construindo a vida social de acordo com um plano premeditado; pelo contrário, ele deve agir como o jardineiro, que cultiva as plantas, dando-lhes as condições de se desenvolver da melhor maneira possível.

Implicações ético-morais dos processos pedagógicos

O jogo de xadrez, o diálogo vivo, a cooperação interdisciplinar, o vir ao encontro do estranho – essas relações sociais, de que falei antes, apontam para pelo menos dois aspectos em comum, a saber, a disposição dos envolvidos de expor-se a experiências imprevisíveis e o impulso de refletir a própria postura no sentido estrito da sentença. Mais ainda, os dois aspectos interpenetram-se, marcando dois lados de uma só constelação: diante de novas experiências sociais, cada pessoa vê-se levada a reexaminar suas convicções anteriormente defendidas. E vice-versa: perceber e aceitar uma experiência nova pressupõe que a pessoa se dê conta de sua situação e postura anteriores. Essa constelação implica responsabilidade. Como condição de possibilidade do novo, ela vem sustentada por uma postura ético-moral específica, baseada no reconhecimento mútuo entre os envolvidos.

Querendo-se fazer uso dessas implicações contidas na hermenêutica filosófica para discutir questões pedagógicas, surge a pergunta: o que significa essa constelação para o relacionamento entre educadores e educandos? Supondo-se que haja consenso quanto ao objetivo principal da educação – a conquista da autonomia e autoestima dos educandos ou, nas palavras de I. Kant, da maioridade – esse objetivo defende basicamente o reconhecimento entre educadores e educandos. É preciso, portanto, entender que só mediante esse reconhecimento é possível concretizar tal objetivo.

Como já mencionado em capítulo anterior, o conceito-chave para qualificar qualquer postura verdadeiramente social é a responsabilidade. Ser responsável significa, no sentido literal, reconhecer o direito do outro de receber uma resposta à pergunta por ele colocada; um direito que tem a criança em relação aos pais, o educando em relação ao educador, um estrangeiro em relação ao cidadão do país em que se encontra, o idoso em relação aos filhos ou o doente em relação ao médico – e vice-versa. É possível dizer que quaisquer que sejam as relações sociais, elas devem submeter-se à aceitação dessa responsabilidade intersubjetiva. Isso vale obviamente também para o processo pedagógico.

Enquanto termo ético-moral, a responsabilidade pressupõe o reconhecimento da autonomia do outro. Defendo a tese de que ninguém age de modo responsável diante de outrem sem reconhecer nele o seu ser autêntico. Decerto, alguém poderá contestar-me dizendo tratar-se de um equívoco. E, de fato, fala-se em geral do ter responsabilidade por outrem quando no caso de alguém que cuida de uma pessoa incapaz de manejar sua própria vida. Por exemplo, no caso do menor, do idoso, da pessoa com deficiência física ou psíquica, ou então, quando alguém ocupa um lugar institucional que o obriga a assumir essa função. Neste último caso, o termo técnico para tal função é o de "garantidor". Também na escola cabe ao educador cuidar dos alunos; no hospital, a enfermeira e o médico assumem essa função em relação aos pacientes; e os pais têm a obrigação de cuidar de seus filhos. Ora, mesmo que esse entendimento seja comum indicando a função meramente legal da responsabilidade, ele, de todo modo, pressupõe o reconhecimento da autonomia e autenticidade essencial do dependente. Sem esse pressuposto não se teria a necessidade de uma pessoa que o representasse de modo idôneo. Dito de outra maneira, assumir a responsabilidade por outrem significa, em princípio, reconhecer a autonomia que lhe é própria, que só devido a circunstâncias incalculáveis não pode ser exercitada por essa pessoa. Idêntica é a lógica de reconhecimento, que subjaz também à relação do educador para com o educando. É no conflito entre a tradição da chamada "pedagogia de aceitação" e a "pedagogia de resistência" (Th. W. Adorno), que se percebe o núcleo propriamente dito dessa lógica.

Com a "pedagogia de aceitação" tem-se um modo tradicional de educação, cuja práxis faz-se mediante a aprendizagem de conhecimentos e conteúdos já acabados. O educando aceita e consome o que lhe é apresentado como saber. Quaisquer dúvidas são tratadas e resolvidas dentro dos limites desse saber prefigurado. Têm-se aí uma relação de desigualdade, na qual alguém que "sabe" (o educador) leva a pessoa tida como ignorante (o educando) a superar sua ignorância. A caraterística desse modelo é o reconhecimento de uma desigualdade, cujo elemento mais fraco (que não sabe) deve submeter-se à superioridade do mais forte, ou o que "sabe". Felizmente, o modelo puro da "pedagogia de aceitação" não encontra mais tanto respaldo na práxis pedagógica. Nas últimas décadas, ele tem sofrido uma série de críticas e desativações. Todavia, seu espírito ainda está vivo e presente. Reconhecer tanto a assimetria institucionalmente prevista entre os envolvidos quanto a falsa autoridade daí advinda é uma exigência ainda inerente à organização das mais diversas instituições de formação. Vale usar uma expressão de E. Goffman, para indicar o caráter da escola tradicional enquanto "instituição total". Nela os alunos são tratados como em um internato, com ritmo temporal imposto e espaço administrado, além de submetidos às regras de jogo da instituição escolar. Nem mesmo os educadores escapam a essas regras, vendo assim impedido o seu potencial pedagógico inovador. Infelizmente, experiências semelhantes fazem hoje também parte do cotidiano nas universidades. Ensino e pesquisa sofrem cada vez mais com as intervenções burocrático-procedimentais causadas, não por último, pela política de nivelar e unificar os padrões internacionais de formação. O que aí se impõe em nome da globalização cultural e econômica, transforma a educação em uma ferramenta útil no sentido de levar os jovens a integrar-se no espírito (neo)liberal, integração que segue, em primeira linha, as demandas do mercado de trabalho. A "pedagogia de aceitação" não se preocupa muito com os interesses dos educandos e faz deles antes o objeto da racionalidade instrumental. Levados a reconhecer e aceitar a primazia da lógica socioeconômica vigente, os próprios educandos assumem a responsabilidade por um destino que na verdade os limita e lhes rouba a possibilidade de tornar-se autônomos.

Como se vê, o tipo de responsabilidade que domina a "pedagogia de aceitação" está longe de pensar na autonomia e autoestima dos educandos e, diga-se de passagem, tampouco dos educadores. Estes, como profissionais, veem-se levados a incentivar, seja por conforto, seja por necessidade de submissão ao *status quo* das instituições em que trabalham, a implementação desse modelo de submissão. A fraqueza do modelo, porém, salta aos olhos, pois é óbvio que o "reconhecimento" da autonomia de outrem (o educador) por uma pessoa não autônoma (o aluno) não atribui autonomia alguma ao assim "reconhecido". Esse tipo de relação infeliz e inautêntica foi, já no século XIX, magistralmente descrita e analisada pelo filósofo Hegel (FLICKINGER, 2011, p. 123).

Opondo-se a essa "pedagogia de aceitação", os defensores da "pedagogia de resistência" apostam na reformulação da relação entre educador e educando, exigindo de ambos o respeito à autonomia e autenticidade do outro. Isso não significa querer equipará-los a qualquer custo. Ao contrário, exige-se deles o reconhecimento da independência e autonomia do outro segundo o potencial e nível de atuação de cada um. É na medida dessa especificidade que educador e educando devem assumir juntos a responsabilidade pelo êxito do processo de formação. O educador é responsável pelo educando no que se refere à oferta de oportunidades de viver a educação como ampliação e aprofundamento do saber e da experiência social. E o educando, por seu lado, é responsável por permitir e facilitar ao educador exercer sua profissão da melhor maneira possível e realizar, assim, seus objetivos pedagógicos. Vista dessa perspectiva, a relação vive da interdependência indissociável das atuações tanto do educador quanto do educando: o educador depende da cooperação do educando, e o educando, da dedicação do educador.

Isso tem tudo a ver com uma nova postura pessoal de cada um dos envolvidos. Tratando-se de uma responsabilidade compartilhada tendo em vista o êxito de um processo de interesse comum, nenhum dos participantes está legitimado a impor, de modo unilateral, suas diretrizes sem antes fundamentá-las e torná-las transparentes. Cada um precisa entregar-se ao processo pedagógico como experiência em princípio aberta e sujeita a correções contínuas. Tal como ocorre na estrutura do jogo e do diálogo vivo, educador e educando devem tomar um ao outro como participante indispensável na construção do saber, postura que resiste a qualquer doutrinação de verdades tidas como definitivas. Porque o saber que se veja assim, continuamente exposto a argumentos racionais precisa legitimar-se também permanentemente outra vez. E o processo pedagógico só avança na medida em que os participantes possam efetivamente ver reeditada essa legitimação. A palavra de ordem não é só "ouvir o outro"; porque no "ouvir" está implícito o reconhecimento do outro como espelho, no qual se reflete a própria imagem de quem ouve. Essa imagem de repente não coincide com aquela que cada um tem de si mesmo. É, por isso, importante para a "pedagogia de resistência", que cada participante reforce ao máximo os argumentos do outro. O objetivo desse reforço é duplo: trata-se de, por um lado, respeitar, isto é, não rejeitar precipitadamente os argumentos do parceiro e, por outro, tornar produtiva essa renúncia ao encontrar, no argumento contrário ao seu, o esclarecimento da própria posição. Só assim se alcança um saber realmente elaborado e compartilhado com o outro. Para que isso aconteça, os interlocutores precisam aceitar o que denomino o risco de "expor" sua identidade intelectual, não temendo que seja colocada em xeque pela intervenção do outro. Assumir o risco de perder o fundamento firme da própria postura intelectual é renunciar também ao direito de ter a última palavra. Uma das consequências centrais da postura dialógica, defendida pela hermenêutica filosófica foi precisamente a clara aceitação desse risco.

A chamada educação intercultural é um campo típico no qual se experimenta a necessidade de fundamentar o processo pedagógico na "ética do reconhecimento". De importância crescente, graças aos movimentos migratórios em nível global, o convívio das mais variadas culturas tem reflexos diretos na educação. Os conflitos aí parecem estar mesmo programados, invadindo o dia a dia das instituições que se ocupam com o fenômeno. Fundamentado na "ética do reconhecimento", o processo pedagógico que aí se constela evitaria que esses conflitos se tornassem um fulcro de irritação e desinteligência, transformando seu potencial destrutivo em fonte de aprendizagem. Trata-se, ao fundo, da questão de como reagir quando culturas estranhas vêm ao encontro uma da outra, com seus costumes e pilares específicos, sobre os quais constroem suas identidades e sua vida cotidiana. Segundo a práxis conservadora da "pedagogia de aceitação", nesses casos, a reação adequada enquanto diretriz geral consistiria em forçar a população estrangeira a reconhecer o modo de vida praticado pela população majoritária. Com isso, a primeira deveria ser proibida de viver sua cultura diferente. Considerada uma ameaça, obriga-se a cultura estranha a assimilar-se e negar seu caráter autêntico. Desse modo, porém, a cultura estranha deixa de espelhar aquela majoritária, e esta perde a oportunidade de aprender algo sobre si mesma. O que é lamentável, porque justamente essa oportunidade do espelhamento mútuo entre culturas estranhas poderia fazer da educação intercultural um campo de experiências pedagógicas altamente produtivas. Para tanto, porém, seria necessário o reconhecimento da interdependência de ambas as perspectivas. Cada uma teria de reconhecer algo de si mesma na outra; a saber, o que é o próprio no estranho e o estranho no próprio. Para quem se dispõe a abrir-se à cultura diferente, o vir ao encontro do comportamento do outro acarretará experiências que darão muito a pensar quanto à própria postura e suas bases normativas. Essas experiências serão tanto de perda quanto de ganho na valorização inesperada, por exemplo, de diretrizes culturais até então postas em dúvida. Quem já viveu entre duas culturas sabe que se aprende, assim, não só sobre a cultura estranha, senão, bem antes, penetra-se o cerne de sua própria cultura no espelho da outra. O despercebido antes, na rotina cotidiana, faz-se consciente e exige reavaliação.

É evidente que a lógica reflexiva das experiências referidas fica mais visível quando do confronto de tradições culturais inteiras, onde o espaço social como um todo é afetado. Acredito, porém, que a mesma lógica rege as relações intersubjetivas, isto é, quando se procura compreender a postura do próximo ou do interlocutor. É óbvio que a reação do outro só nos surpreende na medida em que não corresponde às nossas expectativas. De repente, vemo-nos obrigados a conscientizar isso e, se necessário, a corrigi-lo. Tais experiências oferecem uma fonte rica de aprendizagem, desde que as pessoas se deem conta daquela relação reflexiva apontada acima. Vejo na experiência dessa reflexividade observada na "lógica do reconhecimento" um dos legados mais essenciais deixados a nós pela hermenêutica gadameriana, a serem aplicados na construção dos processos pedagógicos e na avaliação da práxis educativa.

A fundamentação do espírito crítico

A educação comprometida com o objetivo de levar os educandos a conquistar sua maioridade dispõe-se sobretudo a acordar o espírito crítico nos jovens. Sua intenção é mostrar que eles não devem aceitar como verdade o que lhes é apresentado como tal pelo educador, sem tê-lo antes examinado detidamente. Quanto maior a insistência com que lhes for apresentada uma tese, tanto maior deverá ser sua desconfiança de que nela se trate de doutrinação irrefletida, avessa a críticas. Foi esse um dos motivos que levou a geração do pós-guerra nos anos 1960 a resistir ao tipo dogmático de educação então dominante em um cenário pedagógico ainda manejado em grande parte por pessoas com raízes fincadas na tradição da "pedagogia de aceitação". Insatisfeita, grande parte daquela nova geração rebelou-se contra as "verdades" defendidas pela geração anterior. Graças às experiências contraditórias do pós-guerra europeu, muitas das velhas ideias e diretrizes foram perdendo a sua credibilidade. E, bem ligeiro, ouviu-se o apelo à reformulação do rumo da sociedade e de seus pilares. Como é natural, foi sobretudo na área da educação que se observaram os resultados dessa reconsideração do quadro de ideais e normas político-sociais. Coube a ela assumir o papel de catalisador daquele processo, sendo que também os objetivos da formação viram-se reformulados. Em oposição aos pilares culturais e normativos da época anterior, o aluno passou a ser visto como agente de seu próprio destino, devendo sobretudo conquistar uma consciência crítica e a capacidade de juízo próprio. Surgiu, porém, uma séria dificuldade pedagógica: como evitar uma nova doutrinação, isto é, como alcançar o objetivo educativo desejado, sem praticar os excessos ditatoriais de investir na importância de uma crítica apenas pela crítica? Sabe-se que a crítica pode levar, às vezes, à virada da mesa, não deixando sobrar nada da ordem criticada. A radicalidade de um cético consiste em recusar a validade de qualquer princípio de verdade. Preso, porém, na lógica de sua argumentação, ele torna-se cego e endurecido na defesa de seu ceticismo como princípio geral do comportamento intelectual, ou seja, ele se torna também, por sua vez, doutrinário. Pois bem, foi algo semelhante que se deu com o espírito crítico nos anos 1960 e 1970. Motivado talvez pelo entendimento apenas parcial da dita "teoria crítica" dos filósofos frankfurtianos (Th. W. Adorno/M. Horkheimer), aquela nova geração fez da postura crítica um princípio pedagógico irrefutável, imprimindo seu selo indiscutível ao intelectual esclarecido. Assim tomada, a crítica fixou-se em um papel apenas destrutivo, tornando-se acrítica em relação a si mesma. E com isso feriu o seu propósito. Frente ao risco de fazer da crítica radical um fim em si, passou-se então a buscar um modo de fundamentar o verdadeiro espírito crítico ou aquele que servisse à educação e pudesse ser promovido por ela. A disputa anteriormente referida entre a crítica de ideologias e a hermenêutica filosófica girou em torno dessa questão. A seguir, nos serviremos dela para tratar o papel da crítica e seus limites na educação.

Para desenhar agora o tema da crítica como matéria essencial da pedagogia tenho três observações a fazer. A primeira tem a ver com a experiência que às vezes se faz frente a uma teoria qualquer. O fascínio que uma nova teoria pode exercer sobre o aluno – e, não raro, também sobre o professor – é comparável àquele do amor à primeira vista: ela o leva ao intento de fazê-la sua, apoderar-se dela como de um objeto muito desejado. O aluno ou professor a defende contra possíveis contestações e resiste, torna-se cego em relação a objeções até mesmo bem fundamentadas. O motivo oculto de tal postura salta aos olhos: a apropriação de qualquer fundamento teórico traz segurança. Toda certeza é bem-vinda diante do pluralismo desconcertante de ideias que hoje povoam o campo intelectual e pedagógico. Não raro acontece de o aluno passar toda a sua formação agarrado a uma só concepção teórica, a qual defende tão apaixonadamente como o faria qualquer vítima de uma doutrinação religiosa bem-sucedida. A cegueira que resulta dessa fixação, ou melhor, dessa falta de espírito crítico é típica da postura do ideólogo. Sem querer compreender a outra argumentação, ele se fecha em si e se deixa dominar por um impulso destrutivo que bloqueia toda possibilidade de diálogo.

O que foi dito em relação à postura ideológica de 'apropriação' de determinada posição teórica, vale também para o que se vê acontecer quando alguém se identifica irrestritamente com pessoas fortes ou simpáticas. Essa é uma das consequências possíveis do já visto "eros pedagógico". Tal como acontece em relação a uma teoria fascinante, uma pessoa com um certo brilho intelectual consegue conquistar adeptos que se lhe submetem cegamente e à posição por ela propagada. Nesses casos, a defesa incondicional da teoria busca sobretudo agradar a figura da pessoa adorada, chamando sua atenção. O "eros pedagógico" pode, portanto, facilitar posturas dogmáticas. O mais óbvio sinal desse risco é o impulso de filiar-se a uma "escola" sob a liderança de um grande intelectual. Quem já não experimentou, como educador ou aluno, essa situação perigosa! E que efeitos pedagógicos e sociais deletérios podem por vezes advir para quem não queira aderir ao clube exclusivista dos seguidores de uma escola!

Eis a segunda observação: na medida em que a sociedade contemporânea, tida como "sociedade de risco" (U. Beck), priva os indivíduos de condições de vida estáveis e calculáveis, ela vê-se também obrigada a compensar essa perda. E não existe lugar mais adequado para transmitir certezas a jovens e adolescentes do que o campo da educação. Não é por acaso que se permite e se reforça a invasão de tais ideologias nas instituições de ensino. Temos nelas um verdadeiro mercado de ideologias com os mais diversos perfis, tais como as instituições filantrópicas, religiosas, particulares e estatais de formação, que competem entre si pela clientela. Sua dinâmica de desenvolvimento e a necessidade de defender o perfil da instituição contra os concorrentes favorecem o endurecimento das orientações ideológicas. Fica-lhes difícil, por isso, fazer uma reflexão crítica das próprias diretrizes ideológicas. Evita-se, bem antes, essa reflexão com muito empenho. Em alguns casos dá para falar até em uma espécie de exorcismo do espírito de crítica em favor da manutenção da linha ideológica seguida pela instituição. E tanto o professor quanto o aluno são obrigados a segui-la. Aquele professor que não se submete aos sacramentos da Igreja, corre o risco de perder seu trabalho na escola mantida por ela; aquele aluno que não aceita as linhas pedagógicas defendidas pela escola antroposófica pode perder a vaga; ou o aluno e o professor que não acompanham os rituais políticos anuais da escola estatal perdem pontos na avaliação de seu desempenho. O princípio de subsidiariedade organiza esse mercado de ideologias, embora as instituições só (sobre)vivam graças aos recursos provindos do orçamento público. O Brasil, nesse sentido, é um exemplo paradigmático.

E, por fim, uma terceira observação que se refere ao tenso convívio entre as gerações. Experiências na área de educação mostram as dificuldades de fundamentar uma postura crítica justa, isto é, produtiva. A questão não se restringe à crítica dos jovens em relação aos adultos, senão também dos adultos em relação aos jovens. É claro que deveria ser dada aos jovens a oportunidade de avaliar as ideias e diretrizes defendidas pelos adultos; essa oportunidade é uma das condições importantes no alcanço da maioridade. Existe, no entanto, o risco de os jovens abusarem da postura crítica, fazendo dela um fim em si mesmo. A crítica torna-se, assim, destrutiva e não alcança o resultado positivo buscado. Acontece, por exemplo, de os jovens recusarem-se terminantemente a escutar os adultos e seus argumentos. Isso pode ser um sinal daquela teimosia que impede a aprendizagem de algo novo, em especial sobre a própria pessoa. Nesse caso, a crítica transforma-se em ideologia doutrinária. O mesmo vale para os adultos, que trabalham com as novas gerações. A crítica do comportamento da criança ou do adolescente sofre também abusos por parte dos adultos. Não é raro que o desamparo dos adultos em lidar com o mundo dos jovens veja-se compensado por uma postura rígida, provocando reações agressivas. Educadores com um mínimo de serenidade sabem ser difícil avaliar de modo justo determinada postura do aluno. Estará ele acertado forçando os jovens a reconhecer incondicionalmente as normas vigentes e a ordem dada ou antes deveria ele mesmo obrigar-se a reconsiderá-las? A rebeldia não deveria ser interpretada como uma consequência daquelas normas vigentes irrefletidas, a cujo reconhecimento o educador está querendo levar os jovens? São situações assim que se repetem a todo momento na relação educador-educando.

Até o momento, as experiências referidas dão resultados apenas negativos. A crítica radical corre o risco de culminar em uma postura destrutiva, tampouco a ideologização da educação consegue dar resposta à insegurança crescente que se observa na sociedade. Desse modo, faria bem à pedagogia examinar os argumentos com que o próprio Gadamer soube combater a crítica de conservadorismo que lhe lançaram. Ele argumentou que criticar é sobretudo pôr à mostra o que se oculta no texto ou na fala criticados, tornando visível o que nele ou nela não foi tematizado explicitamente. O que podemos extrair dessa constatação?

A crítica bem fundamentada que não recai, ela mesma, em doutrinação, nem cede sem delongas à opinião oposta, obedece a uma lógica reflexiva. Como essa lógica não é fácil de detectar diretamente, tento um desvio para entendê-la. Remeto, por isso, à crítica da ideologia liberal, elaborada por K. Marx seguindo as trilhas abertas pela da filosofia de Hegel. Vale redesenhá-la, porque essa crítica não se baseia na simples contraposição de uma teoria à outra, ou seja, em uma oposição belicosa, que pretenda defender a superioridade de uma teoria frente à outra. Tal contraposição desembocaria em um conflito entre ideologias, cada uma insistindo na prevalência de seus pressupostos fundamentadores e ignorando a argumentação da outra. Na mera contraposição ideológica, nenhuma concepção ouve ou busca compreender as implicações contidas na outra. Contra esse entendimento ideológico de crítica, Marx recorreu a um caminho mais sofisticado. Para evitar o risco de ver sua própria crítica tornar-se doutrinária, ele se abriu à lógica intrínseca à teoria dos economistas que então investigava. Tomando a sério essa lógica, ele revelou o modo de argumentar daqueles e apontou suas inconsistências. E o resultado a que chegou foi surpreendente: a pretensão daqueles economistas, a saber, fazer do capital o princípio organizador exclusivo da sociedade moderna, não havia sido, na verdade, alcançado por eles. Pelo contrário, Marx mostrou que a descrição que eles davam da sociedade mediante o uso exclusivo de conceitos econômicos apontava, de fato, a um montante de experiências reais que não se deixavam enquadrar em tais conceitos. Isso posto, sua estratégia foi virar contra si mesma a argumentação da teoria avaliada; ou seja, de combater a teoria dos economistas utilizando-se de suas próprias armas. Sem poder entrar aqui em detalhes, quero dizer que a crítica de Marx fundou-se no diagnóstico feito acerca da teoria por ele levada a sério, pensada e investigada a partir de si mesma, e que de si mesma ou no duto de seus próprios argumentos desmascarou-se, apontando suas falhas. Tomando a sério a teoria econômica e seguindo seus passos, ele pôde evitar todo recurso a pressuposições ideológicas externas à crítica. Pois bem, é isso que quero significar com a acima indicada 'lógica reflexiva' inerente a uma crítica bem fundamentada.

O ponto crucial desse procedimento marxiano é o seguinte: antes de opor-se a qualquer teoria, a crítica penetra e se alimenta das suas falhas internas. O primeiro acesso a teoria criticada é, portanto, um esforço real de compreender sua construção interna. Toda e qualquer crítica construtiva exige esse esforço inicial, porque dele depende o sucesso da crítica. Nas palavras de Hegel, "é preciso penetrar a força do outro para poder criticá-lo". Uma vez aceito esse caminho, a práxis educativa terá de enfrentar uma série de desafios para despertar também nos educandos esse espírito crítico construtivo. Com o que, a tarefa central da 'pedagogia de resistência' consistiria então em despertar a consciência dos educandos para essa necessidade. Como alcançar, porém, esse objetivo?

A indicação feita pela hermenêutica gadameriana de que a crítica construtiva pressupõe a compreensão do criticado nele mesmo implica um desafio nada fácil para o educador, pois esse modelo de crítica torna necessário criar as condições para a postura compreensiva do educando. Entre essas condições destaca-se a disposição dos envolvidos de expor-se a processos abertos (com isso imprevisíveis) e aprender a suportá-los. Além disso, esse modelo exige que as pessoas na relação entreguem-se à perspectiva de seus interlocutores a fim de compreender melhor, à base do seu raciocínio, a própria concepção. E, como se isso não bastasse, esse modelo exige ainda que, na sua crítica, a pessoa renuncie as suas certezas últimas enquanto fundamento inquestionável da crítica. Todas essas, no entanto, são exigências que evitam a luta inútil entre ideologias porque não leva a nada. Nem preciso insistir no quanto essa postura crítica proposta pela hermenêutica filosófica exige e espera de nós, e o quão radicalmente oposta à posição conservadora da tradicional da "pedagogia de aceitação" é a sua meta para a educação.

Entre as consequências que daí resultam para o campo prático da educação, vale destacar pelo menos três das mais contestadas pela pedagogia tradicional. Primeiro: sabe-se que as diversas etapas biográficas do indivíduo representam passagens entre espaços sociais com diretrizes normativas entre si nem sempre compatíveis; passagens que podem se tornar a fonte de sérios conflitos. Essas etapas são aquela da educação familiar, da formação escolar, do processo de profissionalização, do convívio em *peer-groups* e tantas outras. O que não falta são experiências conflitantes entre os diversos campos educativos. Para quem vive essas passagens, a sensação é de perder o chão firme conquistado em um e noutro desses campos. As regras do jogo vigentes na escola, por exemplo, não fecham com aquelas praticadas na família, no *peer-group* ou no lugar de trabalho. Tampouco é provável que a educação na instituição escolar siga princípios pedagógicos compatíveis com o tipo de trabalho realizado no espaço não formal. Em cada um desses campos vê-se em geral questionado o que os envolvidos experimentaram nos outros. Parece que existe uma rede de orientações contraditórias que faz dos jovens o joguete das mais diversas normas, o que os pode levar a uma postura meramente negadora. A argumentação em favor de uma postura crítica construtiva não considera ameaçadoras as diversas etapas ou passagens; pelo contrário, ela vê nisso a oportunidade de fazer experiências inesperadas que ampliem o leque da aprendizagem e da ação social. Para que essas chances sejam aproveitadas devidamente, caberia ao sistema educativo abrir muitos espaços nos quais os jovens pudessem viver também fases de desorientação em relação aos compromissos e interesses até aí tidos como inquestionáveis. O raciocínio que subjaz à tese da necessidade dessa fase de desorientação é simples: ninguém é capaz de identificar os próprios interesses sem antes questionar o que lhe parecia ser uma certeza irrevogável. Tanto a passagem da família para a escola, quanto a da escola para a universidade ou de lá para o espaço profissional marcam situações típicas de descontinuidade nas orientações e interesses que a vida oferece. Para poder sentir realmente e manejar tais descontinuidades, crianças e adolescentes precisam tanto de espaço quanto de tempo; significa que eles precisam aprender a lidar com suas inseguranças nesses processos, que são essencialmente abertos. Querer evitar tais processos, impedindo que os jovens experimentem esses intervalos de desorientação, pode bloquear seu amadurecimento, isto é, sua capacidade de decidir por si mesmos em situações imprevisíveis. Limitá-los aos critérios costumeiros de comportamento que, prevendo-as, tornam-lhes fáceis as decisões, impede-os de, desorientando-se, confundindo-se e até desesperando-se, extraí-las ao seu próprio estofo humano pessoal. E é justamente a este que a educação tem de apelar.

Segunda consequência: há uma dupla orientação subjacente à postura da crítica construtiva, defendida pela concepção hermenêutica. Essa postura implica em si tanto o objeto da crítica quanto a base argumentativa daquele que faz a crítica. É, portanto, simultaneamente, objetiva e reflexiva. Mais ainda, ambas as perspectivas dependem uma da outra: a crítica apoia-se na experiência da especificidade de seu objeto; e vice-versa, o objeto da crítica só mostra sua peculiaridade mediante a reflexão que, tomando-o a sério, a crítica faz acerca de sua própria base argumentativa. É esse entendimento da lógica reflexiva inerente à crítica construtiva que a educação deve passar aos educandos. Quem avalia, por exemplo, uma argumentação no intuito de aferir sua validade, tem de aceitar esse seu movimento interior. Parece ser fácil, mas não é. Entregar-se à perspectiva de outrem exige, na primeira etapa, o conserto das falhas da própria argumentação; e isso tem de ser feito mediante os meios usados na argumentação do outro. Só após frustradas essas tentativas, o crítico estará legitimado a recorrer a sua própria perspectiva. Antes, contudo, de seguir adiante, ele agora terá de voltar-se a si mesmo e se certificar de sua convicção pessoal, para só após finalmente contrapô-la à posição criticada. É nessa complicada estrutura reflexiva que consiste a crítica construtiva. Em tese, temos que a compreensão, a reflexão e a crítica compõem um conjunto triangular, no qual a falta de qualquer um desses elementos bloqueia os dois outros. Daí se pode concluir a importância de uma postura realmente hermenêutica por parte dos educadores que, só assim, com seu exemplo vivo, podem formar com sucesso um espírito crítico nos seus alunos.

A terceira consequência a ser observada quando se trata de acender o espírito crítico-construtivo nos jovens consiste na renúncia a todas as certezas últimas ou ao ser inquestionáveis das mesmas. Seja na família, seja na escola, seja em qualquer outra instituição educativa, reivindicar a última palavra seja pelo educador, seja pelo educando, é o mesmo que cortar o acesso do interlocutor ao novo saber. Educador e educando não devem insistir na verdade definitiva de sua convicção; eles precisam aprender a aceitar seu caráter provisório. Tal como as anteriores, também essa consequência é difícil de aceitar, pois ela põe em xeque não apenas as estruturas hierárquicas da instituição – ainda muito presentes nos espaços pedagógicos –, senão também o narcisismo dos que reivindicam para si o papel de donos da verdade.

Como se vê, compreensão e reflexão são elementos indispensáveis na fundamentação de uma postura crítica que, em vez de meramente destrutiva, queira contribuir para a construção do saber verdadeiro. Sem esses componentes, o processo de aprendizagem transforma-se em disputa vazia pela última palavra, peculiar ao ensino doutrinário.

A perspectiva universalista da hermenêutica filosófica na prática educativa

A pretensão universalista da hermenêutica filosófica, de que se falou no capítulo 3, não tem, a um primeiro olhar, vínculo algum com as questões da práxis pedagógica. Parece tratar-se de uma reivindicação de cunho apenas epistemológico, com vistas à ampliação do arsenal de métodos já existentes. No entanto, se reduzirmos a interpretação hermenêutica a uma mera metodologia, estaremos desconsiderando a intenção de Gadamer, já contida no título de *Verdade e método*. Volto a dizer que o título desse livro, por si mesmo, indica que todo saber verdadeiro, tanto científico quanto prático, não resulta apenas da aplicação de um determinado método. Se assim o tivesse entendido, Gadamer teria usado a formulação "verdade pelo método". Não o fez para alertar o leitor a que, além da questão do método, trata-se aí de um acesso hermenêutico-filosófico à verdade, isto é, ao saber que se abre a esse acesso. Já registrei antes a função constitutiva que têm, para a hermenêutica filosófica, os preconceitos, o diálogo vivo, a experiência prática e a riqueza de sentido inscritos na linguagem e na história, enquanto alguns dos componentes essenciais à elaboração de um saber. Esses componentes têm, ademais, uma caraterística em comum: são fatores pré-racionais, pois não legitimados pelo procedimento metodológico. E, segundo Gadamer, é justamente por serem pré-racionais, que eles afetam todos os modos e campos do saber; uma afirmação que, aliás, diz respeito tanto às ciências naturais quanto às ciências humanas e sociais. Dito de maneira desafiadora: são sempre pressupostos pré-racionais que condicionam toda e qualquer elaboração de um saber racional. Pressupostos pré-racionais pertencem, portanto, ao saber, do mesmo modo que os *mitos* gregos alimentavam o *logos*. Por mais racional que seja o desdobramento de uma argumentação científica qualquer, não se rompem os seus laços com o fundo pré-racional que a ela subjaz. Sem esse solo, do qual extrai sua força, nenhum saber conteria verdade. Essa é a convicção central, em que se fundamenta a tese da validade universal da hermenêutica filosófica gadameriana.

Sem dúvida, porque no campo da educação a construção e a mediação do saber são o principal objetivo, é óbvio que também nela esse solo pré-racional é incontestável. Darei três exemplos que, julgo, tornarão clara essa tese.

Em meu primeiro exemplo, remeto de propósito ao modelo metodológico, desenvolvido pela teoria do sistema enquanto exemplo-chave do cientificismo moderno. A teoria do sistema nasceu, de fato, no âmbito das ciências naturais, mais especificamente na área da biologia. Contento-me em caracterizá-la em poucas pinceladas. Da perspectiva sistêmica, o que aí se investiga é sempre um organismo, a fim de compreender seu funcionamento, a atuação de seus componentes, sua estrutura interna e sua estabilidade, no intuito de, deduzindo suas reações a novas condições, tanto internas quanto externas, fundamentar diagnoses quanto à sua dinâmica futura. Originalmente, o método serviu para entender em especial os organismos vivos ou, o que é o mesmo, a vida orgânica. As ciências sociais só adotaram esse modelo metodológico de investigação sistêmica após verificado o seu sucesso nas ciências naturais.

É importante termos presente que o procedimento segundo o método sistêmico (o sistema como objeto de análise e interpretação) implica o pressuposto de que seu objeto é pouco claro, a saber, o organismo vivo. Torna-se, assim, necessário definir o "objeto" de cada investigação antes de aplicar a ele o procedimento metodológico. A primeira experiência a que recorro para exemplificá-lo é muito simples, a saber, aquela de um galinheiro. O procedimento sistêmico extrairá de sua abordagem, que o convívio entre as aves baseia-se na construção de uma ordem hierárquica, na qual cada uma delas tem de assumir seu lugar específico, de modo a garantir a estabilidade do todo. No momento em que se coloca, por exemplo, mais um galo ou uma galinha no grupo até então bem equilibrado, a estabilidade do conjunto fica ameaçada; de modo que, agora, para impedir o colapso do organismo-galinheiro, será necessário reestruturar as relações internas entre as aves com vistas a alcançar de novo um equilíbrio estável. Bem, esse seria o resultado da aplicação do método ao "objeto-galinheiro". Sua definição, entretanto, como dito, acontece antes dessa investigação. No caso do galinheiro essa definição não oferece naturalmente maiores dificuldades, porque ele se autodefine de antemão mediante o espaço cercado em que as aves se encontram. Contudo, por mais simples que seja esse objeto, nós já encontramos nele a chave de compreensão do que, na sua definição, escapa ao domínio do método sistêmico de análise e interpretação. Refiro-me ao fato de que o ser "objeto" do galinheiro já está dado "de antemão" (no espaço objetivo que o delimita) antes mesmo de aplicar-se a ele o procedimento sistêmico; e ele escapa, por isso, ao controle racional do método. Com efeito, o procedimento por si mesmo não pode "legitimar" o espaço ocupado pelo galinheiro, desde que tal espaço já era um elemento determinante do modo de vida das aves bem antes de o galinheiro cair na mira da investigação. Significa que, na análise e interpretação rabiscadas acima acerca do sistema em que se organizam as aves, encontra-se presente, embora normalmente desconsiderada, uma determinação essencial não dominada pela investigação e a ela imposta: aquela do espaço em que as aves se encontram e têm necessariamente de se organizar.

Tendo-se, portanto, em vista o método sistêmico de análise e investigação, o ato propriamente dito de "objetificação" do campo a investigar seria sempre anterior ao procedimento investigativo racional. O que quero salientar é que todos os critérios usados para definir, aqui, o "objeto" da pesquisa seriam aleatórios em relação ao método científico usado, e viriam antes da elaboração metodicamente coerente do conhecimento a alcançar.

Tomo agora um exemplo extraído da área da educação. Pensemos, de modo geral, na elaboração de um currículo para estabelecer regras de procedimento com vistas a determinados objetivos da formação. Por mais sofisticadas e efetivas que sejam tais regras, não são elas que definem os objetivos do currículo. A definição desses objetivos antecede, na verdade, o currículo e dá-se à base de critérios que não se apoiam nas regras processuais nem se legitimam através delas. Tais objetivos são, entre outros, objetivos da política educacional, demandas provocadas pelo mercado de trabalho ou a disponibilidade ou não de recursos materiais e pessoais. Tudo isso influencia a definição dos objetivos a alcançar e é obviamente anterior às regras criadas pelo currículo. Qualquer elaboração de currículos tem de contar, portanto, com essa instância que é anterior a ele e o determina. Significa que toda decisão acerca da direção a imprimir em um processo educativo não é incondicionada; ela é dependente de vários referenciais mais ou menos incalculáveis que exercem influência na elaboração do currículo, sejam eles provenientes da área política, das experiências profissionais, das diretrizes econômicas, de convicções ético-morais, etc.

O meu terceiro exemplo refere-se ao consenso existente, ao menos a partir da perspectiva da pedagogia crítica, quanto a que o processo educativo deve atender também aos interesses dos educandos.

Segundo esse pressuposto, os educandos devem participar ativamente na escolha dos temas e modos de ensinar e de aprender. E é natural que, em vista disso, suas experiências biográficas, seu mundo da vida, os preconceitos que os alimentam, suas expectativas de futuro devam ser levadas em consideração como fatores importantes na concretização prática do respectivo projeto pedagógico em que estão incluídos. A prática educativa tem de respeitar todos esses fatores, ainda que eles se originem, segundo a perspectiva da lógica pedagógica, em experiências em larga medida subjetivas, logo, aleatórias e pré-racionais. Por exemplo, como julgar um aluno que chega sempre atrasado na escola, por ter de levar a irmã menor à creche quando a mãe já está no trabalho? Não resta dúvida de que, com essa atitude, ele está violando regras institucionais de comportamento; mas as circunstâncias sociais não podem tampouco ser desconsideradas na prática educativa. Ou, então, como reagir à violência praticada por aluno imigrado de outro país, sabendo-se que sua postura resulta da quase total incapacidade de se comunicar na língua dos colegas e professores? Vemo-nos, de novo, obrigados a reconhecer a influência de condições externas ao projeto pedagógico na práxis educativa, condições que se gestam no interior de contextos racionais próprios, como o da (ir)racionalidade econômica, o da dinâmica social, o da pertença cultural, o da biografia pessoal, etc. Não é, efetivamente, nada fácil manejar de modo construtivo essa multiplicidade de contextos externos, em que a práxis se emaranha. Ignorando-os, contudo, ela se condena a enrijecer-se em uma abstração cega e desalmada.

Nem as ciências naturais, nem as ciências humanas e sociais podem libertar-se desse fundo problemático. E coube à hermenêutica filosófica desvelar sua existência e atestar sua influência constitutivas em todo e qualquer saber que respeite a si mesmo, embora esse fundo não faça parte da racionalidade do método. O saber verdadeiro não nasce única e exclusivamente da aplicação correta de um procedimento metodológico; ele se constrói em uma relação de dependência a pressupostos, dos quais entretanto esse saber precisa não apenas tomar consciência, senão reconhecer como momentos de si mesmo. Nenhuma área científica, seja qual for seu objeto, pode fugir a isso. O trazer à luz esses condicionamentos pré-racionais, implícitos em toda e qualquer abordagem investigativa e interpretativa de um objeto, deveu-se à hermenêutica gademeriana, que extraiu daí sua pretensão universalista. Na práxis educativa, essa descoberta leva ao repúdio da doutrina de uma racionalidade instrumental exclusivista, em favor do reconhecimento de um fundo de saber que põe permanentemente em xeque as certezas alcançadas. Sensibilizar os educadores para esse fato e para a tarefa de torná-lo público, levando os educandos a perceber a inevitável provisoriedade de qualquer conhecimento – eis o cerne do projeto defendido pela pedagogia crítica.

EM POUCAS PALAVRAS

Nas ciências modernas, a extraordinária conquista da filosofia grega, formulada na sentença "da palavra ao conceito", transforma-se em pesadelo. Valorizando o saber objetivo, o cientificismo moderno subestima os efeitos negativos desse seu desenvolvimento, tais como a inércia do pensamento devido às rígidas definições conceituais, o desrespeito à vida própria da língua, a repressão do fator humano e do vínculo vital que enlaça o saber racional aos pressupostos nele ocultos. "Do conceito de volta à palavra" – eis a estratégia da hermenêutica gadameriana, que de modo algum quer recuar, voltar atrás na história, senão levar a consciência a despertar para os efeitos desastrosos do cientificismo contemporâneo. Não há um caminho régio para fazê-la acordar, recuperando o que os gregos já sabiam. Ainda assim, a revalorização da língua e do diálogo vivos, que levam a compreender as armadilhas em que o sujeito do saber pode incorrer na sua produção e legitimação, além da responsabilidade ético-moral que daí resulta, levam à correção da imagem narcísica do homem como ser onipotente e onisciente. O mérito dessa concepção filosófica foi ter lembrado o homem moderno da necessidade de investir em uma formação educacional que assuma esse saber e abra caminhos para a nova consciência nele prometida. Kant tinha razão: não há como negar que, juntamente com a política, a educação é a mais difícil das artes.

REFERÊNCIAS

GADAMER, H.-G. em alemão

GADAMER, H.-G. *Vernunft im Zeitalter der Wissenschaft*. Frankfurt: Suhrkamp, 1976.

GADAMER, H.-G. *Der Anfang der Philosophie*. Stuttgart: Reclam, 1996.

GADAMER, H.-G. *Der Anfang des Wissens*. Stuttgart: Reclam, 1999.

GADAMER, H.-G. *Die Aktualität des Schönen – Kunst als Spiel, Symbol und Fest*. Stuttgart: Reclam, 1977.

GADAMER, H.-G. *Gesammelte Werke in 10 Bänden*. Tübingen: J.C.B.Mohr, 1986-1995. (Cit. GW)

GADAMER, H.-G. em português

GADAMER, H.-G. *Hermenêutica em retrospectiva*. 2. ed. Petrópolis: Vozes, 2012. (Cit. HeR)

GADAMER, H.-G. *O caráter oculto da saúde*. 2. ed. Petrópolis: Vozes, 2011. (Cit. CoS)

GADAMER, H.-G. *O mistério da saúde*. Lisboa: Editora 70, 2009. (Cit. MS)

GADAMER, H.-G. *Verdade e método II*. Petrópolis: Vozes, 2002. (Cit. VM II)

GADAMER, H.-G. *Verdade e método*. 2. ed. Petrópolis: Vozes, 1998. (Cit. VM)

Outros autores

ALMEIDA, C. et al. *Hermenêutica filosófica – nas trilhas de Hans-Georg Gadamer*. Porto Alegre: EDIPUCRS, 2000.

APEL, K.-O. *Hermeneutik und Ideologiekritik*. Frankfurt: Suhrkamp, 1971.

FIGAL, G. (Org.). *Wahrheit und Methode*. Berlin: Akademie-Verlag, 2007.

FIGAL, G. *El ser que puede ser comprendido es lenguaje*. Madrid: Síntesis, 2001.

FLICKINGER, H. G. *A caminho de uma pedagogia hermenêutica*. Campinas: Autores Associados, 2011.

FLICKINGER, H. G. Autonomia e reconhecimento: dois conceitos-chave na formação. *Educação*, Porto Alegre, v. 34, n. 1, p. 7-13, abr. 2011.

FLICKINGER, H. G. Herança e futuro do conceito de formação (Bildung). *Educação e sociedade*, Campinas, v. 32, p. 151-170, 2011.

GADAMER, H.-G. *Die Lektion des Jahrhunderts – ein philosophischer Dialog mit Ricardo Dottori*. Münster: LIT-Verlag, 2001.

GRONDIN, J. *Gadamer Lesebuch*. Tübingen: Mohr/Siebeck, 1997.

GRONDIN, J. *Introdução à hermenêutica filosófica*. São Leopoldo: Ed. UNISINOS, 2001.

HERMANN, N. *Hermenêutica e educação*. Rio de Janeiro: DP&A, 2002.

HONNETH, A. *Luta por reconhecimento*. São Paulo: Ed. 34, 2003.

HUMBOLDT, W. V. *Gesammelte Schriften, Bde.I/II*. Reprodução da edição de 1903-1936. Berlin, 1967/1968.

LAWN, C. *Compreender Gadamer*. Petrópolis: Vozes, 2007.

MAGALHÃES, R. (Org.). *Textos de hermenêutica*. Porto/Portugal: Rés, 1984.

ROHDEN, L. *Hermenêutica filosófica*. São Leopoldo: Ed. UNISINOS, 2002.

ROHDEN, L. *Interfaces da hermenêutica*. Caxias do Sul: EDUCS, 2008.

STEIN, E. *Racionalidade e existência*. Ijuí: Ed. UNIJUÍ, 2008.

STEIN, E. *Hermenêutica e epistemologia*. Porto Alegre: Livra-Streck, 2011.

TIETZ, U. *Hans-Georg Gadamer zur Einführung*. Hamburg: Junius-Verlag, 2005.

Cronologia

1900 - Gadamer nasce na cidade de Marburgo, Alemanha.

1918 - Início dos estudos da germanística, histórica, filosofia e história das artes, na Universidade de Breslau.

1919 - Transferência para a Universidade de Marburgo, depois de passagem rápida por Munique.

1922 - Defesa da tese de doutorado em filosofia *A essência do prazer nos diálogos de Platão*.

1923 - Primeiro encontro com Martin Heidegger em Freiburgo e início dos estudos de filologia clássica em Marburgo. Heidegger assume vaga de professor titular na mesma Universidade.

1927 - Exame de licenciatura em filologia clássica, junto a Paul Friedländer.

1928-1929 - Habilitação (livre-docência) em filosofia a convite de Martin Heidegger sobre *A ética dialética de Platão*.

1937 - Horista e pesquisador à base de bolsas de pesquisa em Leipzig.

1938 - Professor titular de filosofia na Universidade de Leipzig.

1946-1947 - Reitor da Universidade de Leipzig.

1947-1948 - Professor titular de filosofia na Universidade de Frankfurt.

Desde 1949 - Professor titular de filosofia na Universidade de Heidelberg.

1960 - Publicação de *Verdade e método*.

1968 - Jubilado (professor emérito), mas continua lecionando.

2002 - Morte em Heidelberg.

Gadamer recebeu inúmeras homenagens nacionais e internacionais e foi membro de várias academias científicas.

Sites importantes

<http://www.mohr.de/philosophie/jahrbuecher> (International Yearbook for Hermeneutics, ed. por G.Figal, da Universidade de Freiburgo/Alemanha)

<http://www.sozialer-sinn.de> (Zeitschrift für hermeneutische Sozialforschung)

<http://www.fheh.org/> (Forschungsstelle für historische Epistemologie und Hermeneutik, da Universidade de Hamburgo/Alemanha)

O AUTOR

Hans Georg Flickinger
É professor emérito da Universidade de Kassel. Ele iniciou sua carreira acadêmica na Universidade de Heidelberg, em 1971 e assumiu em 1977 a vaga como professor titular de Direito Administrativo e Filosofia Política na Universidade de Kassel. Desde 1982 até 1992 também professor visitante na UFRFGS/Porto Alegre, ele foi convidado em 1993 a trabalhar nos Programas de Pós-Graduação de Filosofia e Serviço Social da PUCRS/Porto Alegre. Em 2009 aposentou-se na Universidade de Kassel. Ele continua ativo apoiando a cooperação entre a Universidade de Kassel e universidades do Sul do Brasil. Suas pesquisas concentram-se na filosofia política, hermenêutica, estética e, recentemente, na filosofia da educação. Entre suas mais de cem publicações constam os livros *Neben der Macht – Begriff ud Krise des bürgerlichen Rechts* (Ao lado do poder – conceito e crise do direito burguês) de 1980; *Marx – nas pistas da desmistificação filosófica do capitalismo*, de 1985; *Marx e Hegel – o porão de uma filosofia social*, de 1986; *O Conceito do Político – Carl Schmitt* (edição e apresentação de H.G.Flickinger), de 1992; *Teoria de auto-organização – as raízes da interpretação construtivista do conhecimento* (junto com W. Neuser), de 1994; *Macht – Autorität – Institution* (Poder – autoridade – instituição), (junto com U. Müller), de 1998; *"Entre caridade, solidariedade e cidadania – história comparativa do serviço social Brasil/Alemanha"* (Org. H. G. Flickinger), de 2000; *Hermenêutica filosófica – nas trilhas de H.G.Gadamer* (junto com C. de Almeida/L. Rohden), de 2000; *Em nome da liberdade – elementos da crítica ao liberalismo contemporâneo*, de 2002; *Dimensões da maioridade e a educação* (junto com Cláudio A. Dalbosco), de 2005; *A caminho para uma pedagogia hermenêutica*, de 2011; *Zur Aktualität des Unzeitgemäßen* (Acerca da atualidade do extemporâneo) (junto com E. Goodman-Thau), de 2013.

Este livro foi composto com tipografia Bembo e impresso
em papel Off Set 75 g/m² na Formato Artes Gráficas.